DE LA LIBERTÉ

DES MERS.

T. II.

DE L'IMPRIMERIE DE Mme Ve JEUNEHOMME,
RUE HAUTEFEUILLE, N° 20.

DE LA LIBERTÉ

DES MERS;

PAR M. DE RAYNEVAL.

TOME SECOND.

A PARIS,

CHEZ { TREUTTEL ET WURTZ, Libraires, rue de Lille;
ARTHUS BERTRAND, Libraire, rue Hautefeuille.
DELAUNAY, Libraire, Palais-Royal.

1811.

DE LA LIBERTÉ

DE

LA MER.

SUPPLÉMENT.

Analyse de la dissertation concernant le domaine privé de la mer, attribué à la Grande-Bretagne par SELDEN, dans son ouvrage ayant pour titre Mare Clausum.

IL s'agit d'examiner les droits que *Selden* attribue au gouvernement britannique à l'empire ou domaine privé des mers qui l'environnent.

Nous devons l'avouer : la subtilité avec laquelle cet écrivain saisit des faits privés et ignorés, pour les présenter comme des titres publics et reconnus ; la méthode qu'il suit, l'apparence de logique qu'il donne à ses développemens, l'art avec lequel il sait dénaturer et appliquer les faits et les documens, pourraient égarer ceux d'entre les lecteurs qui ne s'attachent qu'à des résultats, sans trop analyser ni les raisonnemens, ni les sources d'où ils découlent. C'est ce prestige que nous allons entreprendre de détruire.

Nous ne répéterons pas ici ce que nous avons dit dans la première partie, pour établir le titre de toutes les nations à l'usage libre des mers : nous regardons cet usage comme démontré, comme un axiome du droit de la nature et des gens. Nous nous bornerons donc à examiner le système que l'auteur anglais s'est efforcé d'y substituer, pour porter atteinte à cette même liberté en faveur de son pays (1).

---

(1) Il y a des personnes qui regardent la doctrine de *Selden* comme surannée. Il l'a publiée sous le règne de Charles Ier, et elle remontait jusqu'à celui de Richard Ier ; mais que penser de la surannation en voyant les diplomes donnés par Charles II ? Voici ce qu'ils portaient : *Angliæ et Hiberniæ et Aquitaniæ ac Dominiorum et insularum earundem, villæ Calesiæ et marchiarum ejusdem, Normandiæ, Gasconiæ et Aquitaniæ Magnus admiralis,* etc. Cette formule subsiste encore.

Selden comprend dans son systême indéfiniment toutes les mers qui aboutissent au
royaume de la Grande-Bretagne et aux îles
qui en dépendent : telles sont les mers septentrionales , l'Océan occidental ou atlantique, la mer Germanique, celle de Norwège,
et particulièrement la Manche ou Canal. Pour
ne point interrompre l'ordre qu'il a suivi,
nous allons donner de suite, et avec toute la
précision et l'exactitude que l'impartialité
nous prescrit, la série de ses preuves, de ses
raisonnemens et de ses conséquences; et pour
ne point interrompre le lecteur, nous avons
placé nos observations à la suite du texte.

Notre auteur divise tout l'Océan en quatre
parties, d'après les quatre points cardinaux.
Selon lui, le domaine de la Grande-Bretagne
dans la mer occidentale comprend non seulement le canal de Saint-Georges ou mer d'Irlande, mais aussi toute la partie située à l'occident de ce royaume. Au septentrion, le
même domaine s'étend sur toute la mer hyperboréenne, dans laquelle sont les Orcades,
Thule ou Islande, le Groënland, etc. La
partie orientale comprend l'Océan germanique, et nommément la partie qui est entre
l'Angleterre et l'Écosse d'un côté, et la Nor-

wège et les Pays-Bas de l'autre. Quant au midi, le domaine britannique comprend à peu près toute la partie de l'Océan qui borde la France, jusqu'aux frontières de l'Espagne. Écoutons *Selden* sur ce dernier point : *Britannicum appellatur, totum illud mare quod per lunatum Gallici littoris recessum seu sinum aquitanicum in Hispaniarum littora septentrionalia porrigens ; testis est* Mela, *qui Pyrenæi promontoria in Oceanum britannicum procurrere ait, quem tamen sive Gallicum, sive Cantabricum, sive Aquitanicum a littoribus quæ alluit, itidem dici nemo nescit. Sed ab amplissima sive Britannorum in mari dominatione, sive eorum qui jura Britannici regni aquisierant (quod huic idem est) eò usque etiam protensum est maris et Britannici et Anglicani nomen.* (Ch. I).

Et plus bas : *Sed verò cum et septentrionalis et occidens Oceanus latissimè excurrat (hic ad Americam, ille non ad Islandiam solùm et Grælandiæ littora, sed ad metas planè incognitas) neque totus sit Britannicus dicendus : quoniam tamen jura sua amplissima tam in hoc quàm in illo mari, etiam ultra Britannici nominis me-*

tam, habet serenissimus rex Magnæ-Britanniæ, ideoque neque hæc visum est omninò præterire (1). Telle est la substance de la doctrine de *Selden* et de sa discussion.

Voyons maintenant comment il établit

____

(1) « On appelle britannique tout l'espace de mer
» qui s'étend le long du golfe sinueux de l'Aquitaine
» jusqu'aux rivages septentrionaux de l'Espagne : ainsi
» l'atteste *Méla*, qui dit que les promontoires des
» Pyrénées avancent dans l'océan britannique ; ce-
» pendant on sait qu'on l'appelle également, soit
» océan français, soit biscayen, soit aquitanique,
» d'après les côtes qu'il baigne. Mais la dénomination
» de mer britannique ou anglicane s'étend également
» jusque-là à cause de la très-vaste domination mari-
» time, soit des anglais, soit de ceux qui ont acquis
» les droits du royaume britannique, ce qui est ici
» la même chose.

» Mais comme l'océan septentrional et occidental
» s'étend très-loin (l'un jusqu'en Amérique, l'autre
» non seulement jusqu'à l'Islande et au Groenland,
» mais même jusque dans des régions entièrement
» inconnues), on ne saurait l'appeler dans sa totalité
» britannique ; cependant, attendu que le sérénissime
» roi de la Grande-Bretagne a les droits les plus
» étendus sur l'un comme sur l'autre de ces océans,
» même au-delà des bornes où cesse le nom britan-
» nique, il a été jugé nécessaire d'en faire mention. »

d'aussi vastes prétentions. Nous allons le suivre pas à pas.

Le domaine de la mer s'acquiert non seulement par l'usage, mais aussi et surtout par le droit *d'exclusion* ou *d'admission* (*a*).

Les siècles antérieurs à César sont trop fabuleux pour qu'on puisse y avoir recours. Mais depuis l'arrivée du conquérant romain, les mers du Midi et de l'Orient ont été considérées comme des domaines britanniques (*b*). Quant à la mer septentrionale, elle était considérée dans les temps les plus reculés comme faisant corps avec le continent de l'Angleterre (*c*).

Le domaine maritime fut maintenu jusqu'à la retraite des Romains (*d*). A cette époque, les Bretons se formèrent en république, et recouvrèrent le domaine de la mer occupé par les Romains ; il passa à l'Heptargie jusqu'au roi Egbert ; ensuite aux Saxons, navigateurs, ou plutôt pirates fameux, ainsi qu'aux Danois. On trouve la preuve des soins que les Anglais donnaient aux affaires maritimes dans l'établissement d'une contribution connue sous le nom de *Dannegeld* : le produit en était employé à l'augmentation de la marine et à l'entretien des gens de mer (*e*).

Les règnes des rois Edgar et Canut fournissent des témoignages positifs du domaine de la mer. Le titre d'Edgar était : *Ego Edgardus , totius Albionis Basileus nec non maritimorum seu insulanorum regum circumhabitantium (f).* Et on rapporte de Canut le fait suivant, comme une preuve que l'Océan britannique appartenait à son domaine. Étant placé dans un fauteuil sur le rivage près Southampton , il doit avoir commandé dans les termes suivans à la mer dans son flux :
« Tu es sous ma domination , et la terre où
» je suis assis m'appartient ; et on ne s'oppose
» pas impunément à mon empire. Ainsi , je
» t'ordonne de ne point t'élever sur mes terres,
» et de ne point mouiller les vêtemens ni les
» membres de ton souverain. » Mais la mer, montant à son ordinaire , mouilla sans aucun respect les pieds et les cuisses du roi ; et Canut, forcé de se retirer, dit aux assistans : que celui-là seul était digne du titre de roi , au signe de qui la mer aussi-bien que la terre obéissent. Aussi ne voulut-il plus porter sa couronne d'or, et la consacra à l'image du Christ attaché à la croix. Mais il ne s'en déclara pas moins , dans cette occasion, le dominateur de la mer (g). Toutefois on sait

combien, au douzième siècle, les événemens étaient variables, et dans quel état d'incertitude était l'empire de l'île, aussi bien que celui de la mer.

Selden passe ensuite à l'époque de l'invasion des Normands; et c'est ici qu'il traite particulièrement de la mer qui sépare l'Angleterre de la France et de l'Allemagne. Il commence par établir les principes suivans :

« Comme le domaine ne peut être acquis
» que par une juste possession ou occupation
» et par sa continuité, et que nous n'acqué-
» rons pas la possession soit par l'intention
» (*animo*), soit corporellement, mais cor-
» porellement et avec l'intention, et que, de
» cette manière, elle peut être légitimement
» acquise; que, par conséquent, le domaine
» est divisé en civil, c'est-à-dire celui de droit,
» et en naturel ou corporel; et pour que ce
» domaine soit assuré d'une manière authen-
» tique, il est nécessaire qu'il ait l'assenti-
» ment libre et la reconnaissance de plusieurs
» siècles de la part des voisins (*h*). » Et c'est
là ce que *Selden* entreprend d'établir, particulièrement à l'égard de la Manche et de la mer Germanique; et c'est là l'ordre qu'il a suivi dans sa discussion. Quatre choses, dit-il,

sont à observer : 1º la nue garde de la mer ; 2º la dénomination et la nature des gardiens ou amiraux ; 3º les tributs et les droits imposés, demandés et employés pour cette garde ; 4º enfin, la teneur et la variété des diplomes donnés aux gardiens ou amiraux.

Après l'arrivée des Normands, il est fréquemment fait mention des gardiens ou préfets maritimes ; et Henri Ier enjoignit à ses gardes, nommés *butsecarli* (gens de mer), de protéger la mer, et d'observer que personne, venant des côtes de Normandie, n'entrât dans les limites de l'Angleterre : ce qui veut dire protéger la mer avec une flotte, et non une province maritime avec des troupes de terre (*i*).

Dans les siècles suivans, on voit les rois d'Angleterre dans l'usage d'établir des préfets chargés de la garde de la mer Britannique, comme si elle était une province continentale. Henri III nomma Thomas de Moleton capitaine et gardien de la mer, *ad custodiam maris et partium maritimarum littoris orientalis*. D'autres amiraux ont été nommés *ut custodiam maris habeant* (*k*). On trouve dans les registres du parlement, sous Édouard III, ces mots : *De treter sur la gard de la pees de la terre, de la marche d'Escoce et de la mier.* On fait aussi mention dans les mêmes registres *de la saufegard de la terre et de la saufegard de la mier* (*l*); et on y rapporte une pétition par laquelle les marchands de Londres demandèrent qu'on protégeât la mer qui est entre la Grande-Bretagne et la Zélande, comme étant sous la *tutelle* du roi (*m*). Quant aux mots *garde, gardien*, ils signifient le domaine et l'empire sur la chose dont la garde est confiée (*n*).

L'auteur, pour appuyer son système, fait valoir les termes dans lesquels sont conçus les diplomes ou provisions des grands amiraux : *Damus et concedimus N. officium magni admiralli nostri Angliæ, Hiberniæ, Walliæ ac dominiorum et insularum earundem villæ nostræ Calesiæ et marchiarum nostrarum ejusdem, Normanniæ, Gasconiæ et Aquitaniæ; ac ipsum N. admirallum nostrum Angliæ, Hiberniæ et Walliæ ac dominiorum et insularum nostrarum earundem, etc., nec non præfectum generalem classium et marium dictorum regnorum nostrorum Angliæ et Hiberniæ dominiorum et insularum nostrarum earundem fecimus, etc.*

Durant les siècles précédens, les gardiens de la mer, appelés préfets, commencèrent, sous Édouard Ier, à prendre le nom d'amiral : mais les plages de leur préfecture étaient limitées. C'est ainsi qu'il y en avait trois : l'occidentale, la méridionale et la boréale, dont chacune avait son préfet. Quelquefois il n'y en avait que deux, savoir, un pour la mer occidentale, et l'autre pour la mer boréale. Rarement les deux mers étaient confiées au même préfet, jusqu'à l'époque où le titre d'amiral fut inséré dans les diplomes.

Mais comme le gardien de la mer tirait son nom de la mer dont il était préfet, à l'instar d'une province, de même l'amiral tirait le nom de sa dignité, soit de la flotte avec laquelle il défendait la contrée de la mer qui lui était confiée, soit du territoire qui la baignait, ou auquel elle était unie, comme on le voit dans les diplomes modernes. C'est par cette raison que, depuis Édouard Ier jusqu'à Henri IV, c'est-à-dire pendant l'espace de cent cinquante ans, on créa des amiraux de la flotte, *flotæ navium nostrarum versùs partes boreales, seu versùs partes occidentales seu australes*, ou quelquefois des deux mers ; car le midi et l'occident étaient réunis comme une seule et même chose : ces deux plages commençaient à l'embouchure de la Tamise. Les amiraux qui leur étaient préposés étaient appelés *amiraux d'Angleterre sur mer*, avant qu'on eût adopté dans les formules les mots indiqués ci-dessus. Le changement de la formule eut lieu sous Henri IV, afin d'établir d'une manière expresse que l'amiral d'Angleterre et d'Irlande l'était également d'Aquitaine et de Picardie. Le premier amiral ainsi constitué fut Thomas Beaufort. Dans la formule suivante, on omit la Picardie, et on n'établit d'amiral que pour l'Angleterre, l'Irlande et l'Aquitaine ; les choses furent maintenues ainsi pendant quatre-vingt-huit années, jusqu'au commencement du règne de Henri VIII. A cette époque (1513) survint un nouveau changement : on nomma un amiral *d'Angleterre, du pays de Galles, d'Irlande, de Normandie, de Gascogne et d'Aquitaine;* on ajouta même quelques années après *Calais et son territoire.* Au commencement du règne d'Édouard VI, on ajouta *Boulogne et son territoire.* Le diplôme du comte de Warwik est conçu en ces termes : *Admirallus noster Angliæ, Hiberniæ, Walliæ, Calesiæ et Boulonniæ, et*

marchiarum nostrarum earundem , Nor-
manniæ, Gasconiæ et Aquitaniæ , nec non
præfectus generalis classium et marium
nostrorum. Et plus bas : *Magnus admirallus*
noster Angliæ , et præfectus classium et
marium nostrorum. Le grand-amiral suivant
fut constitué dans les mêmes termes rapportés
plus haut , sauf Boulogne, qui fut omis. Cette
dernière formule a été constamment suivie
depuis. Ainsi, l'amiral est nommé *préfet gé-*
néral de nos flottes et de nos mers. Mais,
quelles sont ces mers ? On appelle ainsi *celles*
de nosdits royaumes d'Angleterre et d'Ir-
lande , de nos domaines et îles d'iceux :
ce qui veut dire *mer d'Angleterre , d'Irlande*
et Galles ; de même que dans nos lois elles
sont désignées sous la dénomination de mers
de l'empire britannique , nommées quelquefois par nos jurisconsultes *les quatre mers*
d'Angleterre , d'après les quatre points du
monde. En sorte que , d'après la formule usitée
sous le règne de Marie (ainsi que par l'interprétation des diplomes antérieurs), nous
avons la preuve certaine de la possession continue du domaine maritime du roi de la
Grande-Bretagne.

Il est donc clairement prouvé , par la formule des diplomes des amiraux, depuis les temps les plus anciens jusqu'à nos jours, que la mer à la garde de laquelle l'amiral est préposé par le roi d'Angleterre comme souverain, se termine, au midi, près des côtes d'Aquitaine, de Normandie et de Picardie. Si ces provinces fussent demeurées sous la domination anglaise, l'*amiral* aurait pu y établir des tribunaux et exercer la juridiction; mais il n'aurait point pu, pour cela, être appelé préfet des mers qui les baignent, comme dépendantes de ces mêmes provinces; car elles ne sont indiquées que comme limites transmarines de la mer Britannique et du commandement *du préfet d'Angleterre et d'Irlande*. En un mot, il n'aurait eu d'autres fonctions que celles qu'exerce aujourd'hui l'amirauté anglaise sur les personnes et les choses maritimes, juridiction indéterminée, tandis que celle du préfet a des limites certaines.

De tout ce qui vient d'être dit, il faut conclure que les noms des provinces françaises ne peuvent indiquer rien autre chose, sinon les limites jusqu'où s'étend le droit de protéger la mer appartenante à la souveraineté britannique : en effet, depuis la mort de la reine Marie jusqu'à nos jours, c'est-à-dire durant soixante-dix sept ans, les noms des rivages opposés ont été conservés dans les diplomes des préfets, quoique l'Angleterre ne possède absolument plus rien sur le continent français. Observons aussi que la Normandie fut ajoutée long-temps après que cette province eut cessé d'être en la puissance des rois d'Angleterre. Et qu'on ne dise point que tous ces noms ont été ajoutés à cause du droit qu'a l'Angleterre sur le royaume de France ; car toutes les provinces nommées dans les diplomes, de même que toutes les autres provinces françaises, sont comprises dans le mot générique *royaume*, comme les parties le sont dans le tout. D'ailleurs, on aurait dû conserver également le nom même de France, si l'on eût eu l'intention de faire un acte conservatoire.

Il faut aussi observer, que lorsqu'on changea les diplomes qui désignaient les amiraux d'Angleterre d'après les flottes et les plages auxquelles on les proposait, et qu'on y substitua la dénomination des royaumes et des provinces, on ajouta l'Aquitaine pour marquer les limites ultérieures et citérieures de la mer. Le même motif fit ajouter ensuite la Normandie et Calais avec son territoire. Il faut remarquer que, dans les siècles antérieurs, où les formules énonçaient les royaumes et les provinces, tandis que les rois d'Angleterre occupaient soit la Normandie, soit l'Aquitaine, et d'autres provinces françaises, on ne trouve point d'autres amiraux ou préfets d'une province maritime que ceux-ci, à qui l'on confiait les flottes et les plages ; c'est-à-dire, que, dans ces temps, ceux qui étaient préposés aux flottes et aux plages commandaient tellement sur toutes les mers qui sont entre la Grande-Bretagne et les provinces opposées, conformément au droit particulier de l'Angleterre sur ces mers, qu'il eût été inutile d'établir d'autres préfets. On peut dire la même chose à l'égard des temps où quelques rois d'Angleterre possédaient le royaume même de France, comme Édouard III, Henri V et Henri VI. Et ce qui vient d'être dit n'est point une simple conjecture ; car cela est prouvé par les tableaux publics des offices établis par les rois d'Angleterre, régnant soit en France, soit dans les provinces maritimes (o).

Si l'on demande pourquoi la Bretagne ou la mer Armorique, qui complette les rives

de la France, n'est pas nommée, on répond
que cette omission a eu lieu, parce que la Bretagne n'a jamais été tellement sous la domination des rois d'Angleterre, pour qu'expulsés
ils dussent s'occuper des bornes du territoire
maritime adjacent. D'ailleurs, les limites des
domaines des différens souverains limitrophes
(la Bretagne avait ses ducs avant le roi de
France Charles VIII) étaient parfaitement
connues. Toutefois le roi d'Angleterre, étant
troublé dans sa possession , devait prendre
des mesures éventuelles pour prévenir les
effets de la confusion des limites. C'est donc
pour empêcher qu'on n'inférât de la perte
des provinces maritimes possédées par l'Angleterre, qu'elle avait perdu en même temps
les mers environnantes faute de pouvoir constater les limites de la mer Britannique, qu'on
conserva dans les diplômes d'abord le nom
d'Aquitaine, et qu'on y ajouta ensuite la Normandie. Et ces noms ont été employés jusqu'à
nos jours, ainsi que celui de Calais, pour
désigner la côte de Picardie. Ce motif ne
pouvait concerner l'Armorique ou Bretagne,
non plus que la Flandre et les plages orientales, qui néanmoins sont la limite du territoire maritime de la Grande-Bretagne (p).

Pour fortifier tout ce qui vient d'être dit , il faut examiner et caractériser l'office d'amiral de France.

Ces amiraux n'étaient point chargés de maintenir le domaine de la mer à laquelle ils étaient préposés : leurs fonctions ne s'étendaient que sur les forces navales dans toute mer quelconque , comme sur les personnes et les choses mobiliaires. Charlemagne avait un préfet maritime pour protéger, non la mer de Bretagne (Armorique) , mais le rivage seulement (*q*) ; et cette protection fut même abandonnée par les successeurs de ce prince. Dans les siècles suivans , la France fut tellement divisée, qu'il ne resta aux rois que la côte de Picardie ; et leurs forces navales n'étaient employées qu'aux expéditions de la Terre Sainte. C'était là à-peu-près en quoi consistaient les fonctions de l'amiral (*r*). Les affaires maritimes prirent de l'accroissement après la conquête de la Normandie , et alors la charge d'amiral fut comprise parmi les dignités de la couronne; mais ses fonctions ne consistaient que dans le commandement des forces navales. Enfin , toutes les côtes maritimes de la France furent successivement reconquises, hormis celles de la Belgique. On créa quatre amirautés, quoique souvent la même personne fût chargée de plusieurs. Depuis le roi de France Charles V jusqu'après Henri III, on trouve des édits concernant les attributions des amiraux : ils sont quelquefois nommés *noster lieutenant per la mer et gréves d'icelle*. Jamais ils n'ont été chargés de garder la mer qui coule entre la France et l'Angleterre, comme faisant partie du domaine français ; et les auteurs mêmes de cette nation attestent que les rois de France n'ont jamais eu de domaine maritime (*s*) ; car le domaine du continent ne donne pas plus celui de la mer qu'il ne donne celui des fleuves, qui, en France, appartiennent au souverain, quoiqu'il ne soit pas propriétaire des terres adjacentes (*t*). Ainsi, toutes les fonctions des amiraux français se réduisaient à commander les forces navales. Et quelle idée d'empire pouvaient avoir les rois de France, tandis que leur royaume était déchiré en lambeaux, et que l'Angleterre, même du temps de l'heptargie, a toujours eu un centre commun pour tous les objets relatifs à l'intérêt général (*v*) ?

En résumant tous les faits, ils offrent les résultats suivans. De temps immémorial, la

France n'avait que des côtes très-bornées ; et lorsque ce royaume fut augmenté par la conquête des provinces maritimes, elle n'acquit point, par la possession de ces provinces, l'empire maritime : et l'on ne trouve dans aucun monument ancien des traces de cet empire (*x*). Au contraire, on en trouve beaucoup qui attestent que, depuis mille ans et au-delà, tout le rivage de l'Angleterre, qui s'étend fort loin, a constamment été sous le même empire, et que les rois d'Angleterre ont possédé sans interruption le domaine de la mer comme un appendice du royaume : d'où il suit que la mer est censée une province confiée à la garde de l'amiral, et que les amiraux ou préfets du rivage opposé ne sauraient être considérés sous ce même rapport (*y*). C'est par cette raison que, depuis quelques siècles, plusieurs nations voisines de l'Angleterre, rendant hommage à son droit, se joignirent à elle pour se plaindre des entreprises de Regnier Grimbalde, amiral de France, de ce que *l'office del admiralte en la mier d'Engleterre per commission du roi de France tourcenousement emprit et usa un an et plus*, etc. (1).

---

(1) *Voyez* plus bas, p. 31, 33.

A toutes les preuves déjà alléguées, l'auteur ajoute celles que lui fournissent les îles de Jersey et de Guernesey. Depuis la perte de la Normandie jusqu'à présent, les rois d'Angleterre ont conservé ces îles. Qu'on les suppose ou non avoir été une dépendance de la Normandie, il n'en est pas moins vrai qu'elles n'ont jamais été rendues à la France, et qu'elles sont demeurées à l'Angleterre comme faisant parties de son domaine maritime (z). Il est à remarquer que sous les rois Philippe-le-Bel et Edouard Ier, plusieurs nations étrangères reconnurent le domaine anglais sur cette partie de la mer, aussi bien que sur les îles, *par rayson du royalme d'Angleterre.* Eh ! il ne faut pas oublier que ce ne fut qu'à l'époque où les Anglais, chassés de Normandie, conservèrent les îles en question, que les côtes de la France commencèrent à s'étendre : car auparavant celles d'Aquitaine et de Normandie appartenaient à l'Angleterre ; celles de la Bretagne, à son duc particulier : ainsi, la France avait peu de côtes, et elle ne s'occupait que faiblement de la marine ; par conséquent il était facile à l'Angleterre de conserver l'ancienne possession de la mer et des îles (aa).

Une preuve ultérieure du domaine des rois d'Angleterre résulte de la permission qu'elle accordait aux étrangers de passer ou naviguer dans les mers. Henri IV accorda à un espagnol nommé Ferrando Certil de Sarachione, la permission de naviguer du port de Londres jusqu'à la Rochelle, *per regna, dominia, et potestatem nostram usque ad villam de la Rochelle ;* les mots *dominia* et *potestas nostra,* dénotent manifestement la mer intermédiaire (*bb*). Et Charles VI, roi de France, envoyant des ambassadeurs à Robert III, roi d'Ecosse, demanda un sauf-conduit au même roi Henri ; il y est dit : *Par touz noz pouvoirs, destroits et seigneuries, par mer et par terre* (*cc*). Il existe nombre de sauf-conduits de cette espèce accordés par les rois Henri IV et Henri VI : *Tant par mer que par terre et les eaux douces.* Ces sauf-conduits étaient adressés aux amiraux ou préfets maritimes ; tandis que ceux que les rois de France faisaient expédier pour ceux d'Angleterre, se proposant de passer en France, ne contenaient pas une pareille adresse. Celui donné par Philippe-le-Long à Edouard II, porte seulement : *Philippe, par la grace de Dieu, roi de*

*France, à tous nos justiciers et subgies,
salut (dd).* Cependant alors la France avait
un amiral, du moins en Normandie et en
Picardie. Il est vrai que dans la suite on
nomma aussi les amiraux : mais le seul roi
d'Angleterre, à cause de son domaine, pres-
crivait des conditions aux passagers. C'est en
conséquence de ce droit que les rois de
Danemarck et de Suède, et les villes anséatiques demandèrent le libre passage des
grains destinés pour l'Espagne, durant la
guerre que la reine Elisabeth faisait à cette
puissance. Il faut avouer cependant que cette
permission fut refusée non par l'effet du domaine, mais pour empêcher de fournir des
subsistances aux Espagnols. Et des vaisseaux
anséatiques chargés de grains furent saisis
dans la rade même de Lisbonne, parce qu'ils
avaient pris témérairement, sans la permission de la reine (Elisabeth), la route par
la mer d'Ecosse et par la mer occidentale
pour se rendre en Portugal (*ee.*) Et ce fait
donna lieu à une discussion très-vive sur la
question de savoir jusqu'à quel point il est
permis de fournir quelque chose aux ennemis par ceux qui ne le sont pas. On refusa
alors aux hambourgeois la permission de

transporter des armes et des munitions de guerre ; mais on la leur accorda pour toute autre espèce de marchandises (*ff*). C'est à cette époque que commencèrent à réclamer la liberté de la mer, ceux-là même qui, quelques années auparavant, avaient supplié la reine de la leur accorder. A la même époque le roi de Danemarck envoya, vers la reine d'Angleterre, des ambassadeurs pour demander la permission de transporter des blés en Espagne : mais elle fut refusée comme précédemment aux anséatiques (*gg*). Eh ! pourquoi cette démarche aurait-elle été nécessaire , si l'on eût méconnu le domaine maritime de la reine ? Le roi de Suède (Jean) lui rendit hommage en demandant, en 1587, passage pour un Suédois ; sa lettre porte : *Maritimas reginæ ditiones pertransire* (*hh*). Si nous remontons plus haut, nous trouvons qu'Edouard Ier, en guerre avec Philippe-le-Bel, ordonna de prendre les mesures nécessaires pour empêcher toute communication par mer avec la France ; les ordres de ce prince portent l'injonction suivante : *Espécialement à retenir et maintenir la souveraigneté que ses ancestres royes d'Engleterre soloyent avoir eu la dite mier d'Engle-*

terre , quant à l'amendement , déclaration et interprétation des lois par eux faits à governer toutes ces gentz de mer maneres de gentz passantz par la dite meier. Le roi Jean ordonna d'arrêter et de conduire dans les ports d'Angleterre tous les vaisseaux qu'ils rencontreraient en mer ; et cette mesure qu'indiquait – elle autre chose , sinon le domaine maritime appartenant à l'Angleterre ? Nous avons aussi des ordonnances d'Edouard III , qui prescrivent d'arrêter , dans la mer australe et occidentale , tous les navires de dix tonneaux et au-dessus , pour être armés et employés au service du roi. On doit supposer que cette dernière mesure a été exécutée avec toute justice , c'est-à-dire qu'on a accordé une juste indemnité (*ii*).

De la navigation , l'auteur passe à la pêche. On trouve dans les actes du parlement la preuve que, sous le roi Richard III , on a imposé un droit sur les étrangers à qui on accordait la permission de pêcher. Henri VI l'accorda aux Français et à d'autres étrangers, *pour une année seulement.* Si les sauf-conduits expédiés à cet effet portaient que la même faculté était accordée aux Anglais.

c'était pour prévenir les voies de fait contre ceux-ci de la part des étrangers. Les autres princes, comme le roi de France, le duc de Bretagne, le comte de Flandre accordaient de pareils sauf-conduits pour les pêcheurs anglais ; mais il est évident que le roi d'Angleterre agissait en vertu de son domaine, et pour rétablir l'amitié entre lui et ces princes, tandis que ceux-ci n'agissaient que dans cette dernière vue (*kk*). De notre temps, on a accordé aux Français la faculté de pêcher des soles pour la table du roi Henri IV; on a saisi des bâtimens français pêchant sans permission (*ll*). Dans la mer orientale, vers les parages d'Edimbourg, on était depuis long-temps dans l'usage d'accorder la faculté de pêcher aux Hollandais et aux Zélandais (*mm*). Un édit de Jacques Ier porte qu'aucun étranger ne pourra, sans en avoir préalablement obtenu la permission, pêcher dans la mer Britannique ou d'Irlande, et des îles appartenantes à la Grande-Bretagne (*nn*). Au reste, la raison pour quoi on trouve peu de formules de concession ou permission, vient de ce que dans des traités conclus avec des princes étrangers, cette liberté a été réciproquement accordée, de même que celle de fréquenter les ports, les rivages, les routes, etc., afin que, durant l'alliance, la mer fût commune tant à l'étranger, comme usager, qu'à l'anglais comme souverain (*oo*) : mais on assignait quelquefois des limites à cette faculté. Une convention faite entre Henri IV et le roi de France Charles VI, porte que les sujets respectifs pourront librement exercer la pêche dans la mer qui s'étend depuis le port de Scarborough et de Southamton, de là jusqu'en Flandre et à l'embouchure de la Seine. Pour la sûreté des Français, le roi d'Angleterre fit expédier des lettres de sauf-conduit. Par les limites ci-dessus désignées, Henri, en vertu de son domaine, exclut les Français de la partie plus occidentale et septentrionale de l'océan. Et qu'on ne dise pas que cette assignation de limites prouve le co-domaine de la France; puisqu'aucune de ses côtes septentrionales n'est exceptée, et qu'à l'ouest elle n'avait que la province de Normandie. Le surplus était occupé par le duc de Bretagne et par le roi d'Angleterre (*pp*). Il existe dans les archives du conseil privé une permission accordée, en 1295, aux habitans de Hollande, de Zélande et de Frise, de pêcher près de Jernemut (1). Si quelqu'un présumait de pêcher dans cette mer sans permission , il était saisi comme faisant injure à l'Angleterre (99). Un autre genre de preuves résulte des lois et des limites assignées aux autres états ennemis en-tr'eux, mais amis de l'Angleterre. Nous avons à cet égard un édit du roi Jacques Ier (1604), conçu dans les termes suivans : *Notre bon plaisir est que dans nos ports, rades, cri-ques ou autres endroits de notre domina-tion, ou aussi près de nos dits ports, qu'on peut raisonnablement considérer comme étant compris dans sa limite ou enceinte, il ne doit être souffert aucune force, vio-lence, surprise ou offense, soit de la part d'un vaisseau de guerre envers un vais-seau de guerre, soit de la part de celui-ci envers un vaisseau marchand, ou de la part de ce dernier envers un autre vaisseau marchand des deux parties ; et que tous, de quelque nation qu'ils soient, tant qu'ils se trouveront dans ces dits ports ou places de notre juridiction, où là, où nos officiers peuvent empêcher la violence, sont sous notre protection, et doivent être en paix*

---

(1) *Voyez* p. 396, 397 de l'original.

entr'eux (*rr*). A la suite de cet édit, l'auteur donne la table des limites assignées aux vaisseaux étrangers. Si cette table, continue-t-il, ne comprend pas toute l'étendue de la mer jusqu'où s'étend le domaine britannique, il ne faut point en inférer que ce domaine n'existait point. Le roi d'Angleterre a seulement eu pour objet de mettre en plus de sûreté ses ports et havres ; et s'il a abandonné le surplus de la mer à l'usage de ses amis, qui étaient ennemis entr'eux, il l'a fait comme arbitre, et en ajoutant des tempéramens à l'usage de la pleine mer. D'ailleurs, Jacques Ier n'a pu entendre, par son édit, restreindre purement et simplement sa juridiction ; il n'a eu en vue que la guerre subsistante entre l'Espagne et les Provinces-Unies : il demeura le maître et le modérateur perpétuel, comme ses prédécesseurs, du surplus de la mer. Et d'où pourrait-on dériver la neutralité que les rois d'Angleterre accordaient aux îles voisines des côtes de la Normandie, si ce n'est de leur domaine sur les mers circonfluentes (*ss*) ?

La preuve ultérieure du domaine maritime de l'Angleterre est dans les provisions ou diplomes des amiraux. Celles expédiées au nom du roi Edouard III, sont particu-

lièrement remarquables par les termes suivans : *Considérant que nos prédécesseurs
rois d'Angleterre étaient les maîtres de
toutes les parties de la mer britannique, et
les défenseurs d'icelle contre les invasions
hostiles, et que notre honneur serait atteint
si ce pouvoir dépérissait de notre temps,* etc.
Le reste du diplome enjoint aux deux amiraux de poursuivre une flotte française des-
tinée à secourir les Ecossais ; et elle finit
par leur enjoindre de ne point molester les
bâtimens non destinés à porter des secours
aux ennemis (*tt*). Dans une adresse présentée au même roi Edouard III, on trouve
le passage suivant : *Ge XX ans passez et
tout dixadevant la navie de dit royalme
éstait en touz portz et bonnes villes sur
mier et sur riviers si noble et si splenti-
nouse, que tous les pays tenaient et appel-
loient nostre avant dit seignieur, le* ROI
DE LA MIER, *et tout son pays dotoient
le pluis per mier, et per cause de la dite
navie,* etc. (*uu*). Une adresse du parlement
à Henri V porte : *Item, priont les com-
mens que, per don nostre tressoverain seigneur LE ROI ET SES NOBLES PROGÉNI-
TEURS DE TOUT TEMS ONT ESTÉ SEI-
GNEURS DE LA MER* (*pp*).

Il résulte de ces adresses, 1° que le domaine de la mer appartient aux rois d'Angleterre, d'après la voix unanime du Parlement ; 2° que la mer dont il est question comprend tout l'espace qui est entre la France et l'Angleterre ; *des côtes d'ambe parties del meer;* 3° que le parlement pouvait imposer des droits sur les passagers, comme dans un port. Eh ! le roi Henri V agissait ainsi comme roi d'Angleterre, sans égard à sa qualité de roi de France (*vv*)!

Enfin, les étrangers eux-mêmes ont reconnu solemnellement le domaine maritime de l'Angleterre. La preuve de cette vérité résulte, 1° de l'obligation d'amener les voiles ; 2° d'une action intentée par plusieurs nations étrangères sous Edouard Ier, contre Régnier Grimbald, amiral de France (*xx*) ; action par laquelle elles reconnurent le domaine maritime de l'Angleterre ; à quoi il faut ajouter la reconnaissance faite par le comte de Flandres sous le règne d'Edouard II. Le mémoire porte : *Ipse* (Edouard) *est dominus dicti maris* (*anglicani*). Ses envoyés se plaignirent d'un acte de piraterie commis par des Anglais près de Crauden (*yy*).

Certainement, il n'y a personne qui ne sache

que la formalité d'amener les voiles n'est point un simple hommage honorifique, mais une reconnaissance de l'empire et du do-maine (*zz*). En tous cas, les Français ne sauraient en douter, puisqu'ils ont prétendu autrefois, mais inutilement, se faire reconnaître par cette même formalité, les souverains de la mer. Leurs rois Henri II (1555) et Henri III (1584) publièrent des édits pour obliger les vaisseaux étrangers passant par les mers voisines de la France, d'amener leurs hautes voiles devant les vaisseaux de la marine royale, en re-connaissance de l'empire maritime de la France (*aaa*). Mais le premier de ces édits ne fut point vérifié au parlement de Paris, et le second ne le fut qu'avec des modifica-tions qui rappellaient les anciens usages. Et dans le fait, l'un et l'autre de ces édits étaient contraires au droit des voisins et de tous les étrangers (*bbb*). Mais ce que les Français ont inutilement exigé comme une marque de leur empire maritime, appartient incontestable-ment à l'Angleterre par une longue prescrip-tion comme une preuve et une conséquence de son domaine (*ccc*). Et en effet, son droit d'exiger qu'on amène les voiles, remonte à plus de quatre siècles, ainsi que le prouve l'ordonnance suivante du roi Jean II de l'an 1200, adressée au commandant de la flotte royale employée à des expéditions navales (lesquelles alors occupaient principalement la Mer Australe). *Aucunes nefs ou vesseaulx chargez ou voides, qui ne veuillent avaler et abeisser leurs triefs, au commandement du lieutenant du roy ou son lieutenant, mais combatant en contreceulz de la flotte, que, s'ilz peut estre pris, qu'ils soient reputez comme ennemies, et leurs nefs, vaisseaulx et biens pris et forfaits comme biens à ses ennemies, tout soit que les maistres ou possesseurs d'iceux voudraient venir après et alleguer mesmes les nefs, vesseaulx et biens estre biens des amies du roi notre seigneur; et que la menye étant iceulx soient chastiez par emprisonnement de leurs corps par leur rebelleté par discrétion.* On regardait comme crime de lèze-majesté, le refus de reconnaître en amenant les voiles, le domaine britannique sur la mer. Les peines sont prescrites comme si le crime était commis sur le territoire même de l'Ile (*ddd*).

Quant à l'action indiquée plus haut, en voici le résumé historique : Philippe le Bel et le roi d'Angleterre Edouard Ier, étant en guerre, convinrent que de part et d'autre on ne gênerait point la navigation marchande : cela s'appelait *sufference de guerre*. En 1303, les deux rois conclurent une alliance où il est stipulé qu'ils se défendraient mutuellement contre tous et un chacun, sauf l'église romaine, et de la part du roi d'Angleterre, Jean, duc de Brabant, son gendre, comme de la part du roi de France, Albert, roi des Romains, et Jean, comte de Hainaut. Il est dit de plus ce qui suit : *Item il est accordé que l'un ne receptera, ne sustendra, ne confortera, ne fera confort, ne aides as ennemies de l'autre, ne s'offrera qu'ils ejent confort, soccours, ne aide, soit de gent d'armes, ou de vitailes ou d'autres choses queles q'eles soient de ses terres ou de son poiar ; mais adiondera sur peine de forfature de corps et d'avoir, et empeschera à tout son poiar lojaumens en bonne foi que lesdits ennemis ne soient resceipts ne confortes es terres de sa seigneurie ne de son poiar, ne qu'ils en ajent confort soccours ne aide de gents d'armes, des chevaux, d'armeures, de vitailles ou d'autres choses queles qu'eles soient.* Il y a lieu de croire que durant la guerre il y avait eu, tant en pleine mer que dans la mer Britannique, des entreprises contraires à la trêve maritime, et qu'on ne craignait qu'elles ne se renouvelassent durant la guerre prête à éclater contre le roi de France et le comte de Flandre ; les deux rois nommèrent une commission mi-partie, pour connaître *des entreprises, mesprises, et forfaites en trêve ou en sufférence, entre nos et ledit roi de France, d'une part et d'autre, es costères de la mer d'Engleterre, et autres par decea, et au sint perdevers Normandie et autres costeres de la mer per de là.* La guerre entre Philippe et Guy, comte de Flandre, ayant éclaté, Regnier de Grimbaud ou Grimbald fut nommé commandant de la flotte française. Celui-ci fut accusé d'avoir dépouillé les marchands se rendant en Flandre par mer ; et les procureurs des prélats, de la noblesse de même que de l'amiral, des villes et des communes d'Angleterre, conjointement avec ceux de presque toutes les nations de l'Europe, présentèrent une requête de plainte à la commission indiquée plus haut. Voici le préambule de cette plainte : *A vous, seigneurs, auditours, députez par les rois d'Engleterre et de France,*

à redresser les dammages faits à gentz de
Lour roiaulmes et des altres terres subgitz
à leurs seigneuries, per mier et per terre,
en temps de pee et trevves, monstrent les
procurors des prœlats et nobles, et de l'ad-
mirall de la mier d'Engleterre, et des com-
minalties, des citties et des villes, et des
marchaunz, mariniers, messagiers et pele-
ringes, et de tous autres du dit roiaulme
d'Engleterre et des autres terres subgitz à
la seigneurie du dit roi d'Engleterre et
d'ailleurs si come de la marine de Genne,
Cateloigne, Espagne, Alemaigne, Seland,
Hoyland, Frise, Denemarch, et Norway,
et de plusieurs autres lieux de l'empire,
que comme les royes d'Engleterre par
raison du dit roialme du temps dont il n'y
ad memoire du contrarie, eussent esté en
paisible possession de la souvereigne seigneurie de la mier d'Engleterre et des isles
Esteanus en ycelle, etc. La plainte porte :
Monsieur Reyner Grimbaltz, maître de la
navie du dit roi de France, que se dit être
admiral de la dite mier, député par son
segnure, avant dit per sa guerre contre
les Flemminges, après la dite alliance faite
et affirmée contre la forme et la source de

même alliance et l'entencion de ceaux qui le firent, l'office de admiraulte en la dite mer d'Engleterre per commission du dit roi de France, torcenousement emprist et usa un an et plus, en prenant les gentz et marchants du royaume d'Engleterre et d'aillours par la dite passauuts avesque lour biens, et les gentz ainsi prises livere en prison de son dit seigneur roi de France. Grimbaud allégua pour sa défense ses provisions d'amiral et l'indult donné par le roi d'Angleterre en conséquence du traité d'alliance rapporté plus haut. Il a donc reconnu par-là l'empire de l'Angleterre sur la mer britannique et les mers adjacentes; et cet empire est formellement reconnu par toutes les nations au nom desquelles la plainte a été présentée (eee). Et il importe d'observer que vers le même temps, un peu avant l'alliance, le roi d'Angleterre avait prêté hommage à celui de France pour le duché d'Aquitaine, le comté de Ponthieu et d'autres provinces qu'il possédait en France, et dont il avait été peu auparavant dépouillé par un arrêt du parlement de Paris, et il y avait près de cent ans que la Normandie avait été enlevée sans retour au roi Jean, malgré les efforts faits, même peu avant l'alliance, pour la recouvrer.

Ces faits sont remarquables en ce qu'ils prouvent que le domaine maritime des rois d'Angleterre ne dérive point de la possession des provinces dont les mers adjacentes ont emprunté leurs dénominations, mais d'un droit propre, inhérent au royaume britannique (*fff*).

Ce droit a été formellement reconnu par Robert, comte de Flandre, qui envoya à Edouard II un ambassadeur pour demander justice des déprédations commises dans la mer britannique, vers le lieu nommé *Crauden* (*ggg*). Toutefois il faut convenir qu'on rencontre en Flandre, ainsi qu'en Zélande, indépendamment des embouchures des fleuves, plusieurs sinuosités où la mer est tellement entremêlée avec la terre, qu'il serait difficile de ne les pas considérer comme formant un tout indivisible avec la terre, et par conséquent comme appartenant à la juridiction continentale, c'est-à-dire, selon d'anciens titres, *deins la juridiction et l'estrem de la meer de Flandres*. Mais en séparant ces parties de la mer, qu'il faut considérer comme des ports, tout le reste, c'est-à-dire l'Océan qui est entre ces côtes transmarines et l'Angleterre, a toujours été considéré comme appartenant à la juridiction britannique (*hhh*).

De la mer orientale l'auteur passe à celle
d'Irlande, et à la partie qui est située à l'occident de ce royaume. Les îles situées dans la
mer d'Irlande, telles que celle de Mona (aujourd'hui *man*) et les Hébrides, ont subi
bien des vicissitudes ; mais enfin elles passèrent
sous la domination anglaise ainsi que l'Irlande,
en sorte que cette partie de la mer (c'est-à-
dire le canal de St.-George) appartient incontestablement au domaine britannique
comme mer interfluente (*iii*).

Quant à l'Océan occidental, il est également sous la juridiction anglaise, et elle s'é-
tend jusqu'en Amérique. « Lorsque Humfrède
» Gilbert conduisit au Nouveau-Monde une
» colonie sous les auspices de la reine Élisa-
» beth, afin qu'il recouvrât en même temps
» quelques territoires de l'Amérique Septen-
» trionale, situés à l'est, la reine, tant pour
» elle que pour ses successeurs, retint la pos-
» session du port de St.-Jean (situé dans l'île
» nommée *Baccalaos*, Terre-Neuve), ainsi
» que tout l'espace de la mer et de la terre
» formant un circuit de six cents milles.
» Ensuite il fut solemnellement investi de ce
» nouveau royaume, comme vassal, selon le
» rit anglican, employé pour la translation

» des domaines ruraux ; et il n'était point né-
» cessaire qu'il acquît la possession d'une
» autre manière (c'est là l'origine du do-
» maine de la reine et de ses successeurs);
» car on ne saurait exiger *que celui qui veut*
» *occuper un fonds, fasse le tour de toutes*
» *les terres* (ce qu'observe Paulus); *mais il*
» *suffit d'entrer dans chaque partie de ce*
» *fonds , lorsqu'il le fait avec la pensée et*
» *l'intention de posséder ce même fonds*
» *jusqu'à son extrémité ;* ce qui regarde la
» mer aussi bien que la terre non encore
» occupée. Ainsi on peut appliquer à la mer
» ce que dit *Siculus Flaccus : ils n'ont pas*
» *seulement occupé autant de terrain qu'ils*
» *auraient pu en cultiver ; mais ils s'en*
» *sont réservé autant qu'ils ont l'espoir de*
» *cultiver.* Et il se peut que le commencement
» du domaine de l'immense mer de l'Amé-
» rique ne soit point dû à la possession ac-
» quise par Gilbert ; il a plutôt rétabli et
» étendu le droit royal ; car Sébastien Cabot,
» avait déjà, sous le règne de Henri VII,
» ajouté l'île de *Baccalaos* à l'empire bri-
» tannique. De là est venu ensuite l'usage,
» de la part de quelques commandans de la
» flotte royale , ou de la part de l'amiral (qui

» a dans son ressort toutes les mers soumises
» au roi d'Angleterre et d'Irlande connue
» tel), d'exiger des droits de ceux qui venaient
» pêcher dans cette mer : ce qui était un
» symbole bien positif du domaine. Ces droits
» furent ensuite réglés par une loi d'É-
» douard VI (*kkk*) ».

Le domaine du roi de la Grande-Bretagne sur la mer orientale de l'Écosse est constaté par le droit de pêche ; ce droit ne peut être exercé par les étrangers qu'en vertu d'une permission obtenue à Édimbourg. Un ancien réglement du parlement d'Ecosse porte que tous ceux qui pêcheront du hareng sur les côtes d'Écosse, entre les îles ou en dehors, les conduiront dans un port pour être vendus aux habitans, et ce, afin que les droits du roi ne soient point fraudés, et que les habitans ne soient pas privés d'un bienfait de la providence. Le jurisconsulte *Scot*, dit qu'on avait fait un réglement particulier avec les Hollandais, et qu'on était convenu qu'ils se tiendraient à quatre-vingts milles de la côte ; mais que ce réglement tomba insensiblement en désuétude, tant par la négligence des gouverneurs, que par l'audace des Bataves (*lll*). Ainsi il fut posé un terme à la pêche des étrangers par des conventions (*mmm*). Mais la mer plus septentrionale vis-à-vis de l'Écosse, était autrefois sous l'empire des Danois et des Norwégiens, maîtres des îles situées dans cette partie de la mer. C'est par cette raison que les habitans des Orcades parlent encore aujourd'hui la langue gothique. Les îles de cette même mer, au nombre de trente-deux, avaient, il y a quatre cent soixante ans, un roi qui payait à celui de Norwége, à son avènement, un tribut de dix marcs d'or. Par un traité fait entre Alexandre III, roi d'Écosse, et Magnus IV, roi de Norwége, de même qu'entre Robert Bruse, roi d'Écosse, et Haquin, roi de Norwége, les îles mentionnées plus haut furent jointes au royaume d'Écosse; et il était naturel qu'il en fût de même de la mer. Cependant l'empire en fut, la plupart du temps, possédé par le roi de Norwége. Mais en 1470, Christiern Ier, roi de Dannemarck et de Suède, transporta tous ses droits sur les îles Orcades, celles de Schetland ainsi que sur toutes celles situées dans la partie citérieure de la mer Hyperboréenne. C'est ainsi que ces îles aussi bien que l'empire de la mer passèrent aux rois d'Écosse (*nnn*).

Il reste à parler de la vaste mer septentrio-

nale : elle baigne les îles Norwégiennes et
Danoises, nommément l'Islande, etc. La navigation et la pêche dans ces parages ont
donné lieu à des discussions entre les rois
d'Angleterre et de Norwége. Il existe des
traités par lesquels il a été convenu qu'on
expédierait aux anglais des permissions tous
les sept ans. Des circonstances particulières
empêchèrent de les demander et de les renou-
veller ; et l'Angleterre soutint (sous le règne
d'Élisabeth) avoir acquis le droit de naviguer
et de pêcher dans ces parages à titre de prescription (*ooo*). La querelle s'engagea de plus en
plus ; mais rien ne fut décidé. Quant à la mer
qui est plus au nord de l'Islande, savoir, vers
le Groenland, elle appartient au roi de la
Grande-Bretagne. En effet, cette mer non
encore occupée, ni fréquentée pour la pêche,
particulièrement celle de la baleine, fut abor-
dée, pour la première fois, par les marchands
anglais composant la compagnie de Moscovie.
Ainsi l'usage de cette mer non encore occupée
et découverte pour la première fois, devint,
par la possession intentionnelle et corporelle,
la propriété du premier occupant, de même
que toutes les autres choses non encore possédées deviennent une possession naturelle

et civile. Ainsi, le roi Jacques a pu, à juste titre, mander à Henri Wolton, son ambassadeur en Hollande, et à ses autres envoyés, « que les pêches dans la mer Boréale, près » les côtes de Groenlande, sont légitimement » acquises à lui seul (*ppp*).

Tel est le résumé fidèle de l'ouvrage de *Selden*; il le termine en citant des vers de *Grotius* adressés au roi Jacques Ier. Nous ne les rapporterons pas, parce que *Grotius* poète et courtisan, n'est point *Grotius* philosophe et historien.

Si l'on examine attentivement les bases sur lesquelles *Selden* a fondé son systême, ainsi que les conséquences qu'il en a tirées, on est facilement convaincu que les droits de l'Angleterre au domaine privé de la mer, remontent, comme le dit l'auteur, jusqu'aux temps fabuleux ; qu'elle a remplacé à cet égard la république romaine, et qu'elle a fait des efforts constans pour s'y maintenir ; mais on ne demeure pas moins convaincu, d'un côté, que ces efforts n'ont en aucun temps produit l'effet que *Selden* leur attribue : de l'autre, que toutes les inductions que cet auteur puise et dans les faits et dans les actes, sont ou exagérées, ou inexactes, ou contraires aux premières règles de la logique ; en un mot, que toute son érudition, tous ses raisonnemens , toutes ses subtilités n'offrent qu'une série non interrompue de paralogismes et de paradoxes. Quoi qu'il en soit (et nous renfermant dans les prétentions relatives à la Manche et à la partie de l'Atlantique occidental qui baigne l'ouest de l'empire Français), nous croyons pouvoir résoudre péremptoirement le problême par le dilemme suivant : ou le domaine britannique sur les mers qui viennent d'être indiquées, existe , ou bien il n'existe point. Dans la première hypothèse, les puissances du midi, de l'ouest et du nord ont eu besoin de l'attache de la Grande-Bretagne pour pouvoir naviguer à travers la Manche, qui est leur unique route ; dans la seconde, cette formalité n'est point nécessaire, puisque toutes ces puissances naviguent *jure proprio*. Or, si nous consultons les nombreux traités de commerce conclus par le Portugal, l'Espagne, la France , l'Angleterre elle-même, avec les Flamands , les Provinces-Unies du Pays-Bas , le Danemark , la Suède , la Russie , les villes Anséatiques, nous ne trouvons ni l'attache du gouvernement britannique , ni stipulation supplétoire. Ainsi tous ces traités complètent la démonstration de la non-existence du domaine privé de la Grande-Bretagne, soit sur la Manche, soit sur une partie quelconque du Littoral de l'empire Français, et de l'Océan atlantique.

Terminons ces observations par les faits suivans consignés dans l'histoire d'Angleterre de *David Hume* (1). Henri VIII, pour équiper une flotte, était obligé de louer des vaisseaux de Hambourg, de Lubeck, de Dantzik, de Gênes, de Venise. Élisabeth fit construire quelques vaisseaux, et engagea les marchands à en construire d'assez grands pour servir à la guerre. En 1582, les matelots étaient au nombre de 14,295, et celui des vaisseaux de 1,232, parmi lesquels il n'y en avait que 270 au-dessus de 80 tonneaux. Quelle marine pour conquérir et conserver l'empire des mers ! Je prie le lecteur de ne point oublier que je me rapporte au temps où a écrit *Selden*.

____

(1) Tome 5, page 480 et suiv.

NOTES.

(*a*) **Sɪ** l'on admettait toutes ces assertions, certainement on applanirait de grandes difficultés; car le fait anéantirait la question de droit. Mais il est aisé de se convaincre que *Selden* établit en principe un systême particulier, auquel il a dû adapter ses moyens sans trop en approfondir la valeur. Quoi qu'il en soit, nous croyons avoir démontré (1) que le seul usage de la mer, qui est un élément commun, ne saurait en procurer le domaine exclusif; et de là résulte cette autre vérité, qu'une nation ne saurait aquérir de sa seule autorité, c'est-à-dire, par le seul effet de sa volonté, de sa jouissance et de sa toute-puissance, le droit d'exclure ou d'admettre les autres nations. Ce droit exige comme préliminaire, comme base, une possession légitime, c'est-à-dire une possession avouée par toutes les parties intéressées. Sans cette condition, elle n'est qu'un fait, que le produit de la force. Nous sommes donc autorisés à dire, que tout l'échafaudage du système de *Selden* est posé sur une base essentiellement fausse. Pour s'en convaincre, on n'a qu'à se faire à soi-même cette ques-

---

(1) Première partie.

tion : le droit d'*admission* et d'*exclusion* est-il un principe ou une conséquence?

(*b*) Quelles sont les nations qui avaient une pareille opinion ? Etoient-ce celles du nord? On sait que les Bretons craignaient les Danois, et qu'ils n'avaient aucune relation avec les peuples situés sur les bords de la Baltique. Etaient-ce les Germains dont une petite portion (les Anglo-Saxons) s'empara de l'Angleterre? ou bien en accusera-t-on les Gaulois ou les Francs? Et les Bretons eux-mêmes, peuples plus barbares et plus ignorans que ceux du continent, pouvaient-ils avoir la pensée d'acquérir le domaine de la mer ? Comment la pensée leur en serait-elle venue ? Par quels moyens l'auraient-ils acquis ? Dans quelle vue l'auraient-ils convoité? ils n'avaient ni commerce, ni marine, à moins qu'à l'exemple de *Selden*, on ne donne ce nom aux petites barques qui pouvaient au plus servir pour la pêche et pour longer les côtes. Ou bien les anciens Bretons avaient-ils déjà des vues de conquête ou de domination sur le continent, dont ils ne connaissaient l'existence que par les invasions que les peuples continentaux faisaient dans leur île ?

Il est vraiment surprenant de voir un auteur grave attribuer à des peuples grossiers, et divisés en petites souverainetés, toute l'ambition qui, bien des siècles après eux, s'est développée chez leurs descendans, et de leur attribuer un système dont les élémens appartiennent à des temps très-modernes.

(c) C'est encore là une assertion bien hazardée. Il est naturel de supposer que les anciens Bretons ont eu des communications avec les îles voisines ; on peut supposer également qu'ils ont donné leur nom à la mer interfluente : mais il est impossible d'en conclure que des hommes ignorans aient cru par-là acquérir cette mer comme une propriété à l'exclusion des habitans des îles. Il faut, ou croire les anciens Bretons bien policés, bien éclairés, bien subtils, bien ambitieux, ou rejeter l'intention que leur prête *Selden*. Mais il suffit de lire l'histoire de ces temps grossiers pour dissiper l'illusion sur laquelle l'auteur fonde son système : en effet, quiconque a étudié la marche de la politique européenne depuis la chûte de l'Empire Romain, est pleinement convaincu qu'il faut passer par-dessus bien des siècles avant de trouver l'époque où l'ambition a enfanté et développé les grandes vues qui caractérisent la politique moderne, à dater du règne de Charles-Quint, ou, si l'on aime mieux, de l'époque où la maison d'Autriche parvint à la dignité impériale.

(d) Sans doute ce ne sont pas les Bretons subjugués qui l'ont ni acquis, ni maintenu ; et sans

doute aussi les Romains qui se disaient les maîtres
de l'univers, ne l'ont pas transmis aux habitans
d'une île, qui était, pour ainsi dire, un point im-
perceptible dans l'immensité de leur Empire. Je
fais abstraction de la circonstance, qu'en aucune
époque les Romains n'ont prétendu avoir le domaine privé de la mer, pas même dans la Méditerranée.

Au reste, si ce domaine, cet empire était si
bien protégé, si bien affermi, comment expliquer
l'appel des Saxons, et les invasions des Danois et
des Normands ? Comment expliquer le tribut
(*Dannegeld*) que les Anglais payaient au roi de
Danemarck, d'un côté pour maintenir la paix,
de l'autre, pour être protégés par lui contre les
pirates? Ce seul fait, avoué par *Selden*, détruit du
moins jusqu'à cette époque l'antique domaine
maritime des Bretons.

(*c*) On a vu par la note précédente, un des objets
auxquels était appliqué le *Dannegeld* (argent Danois); la seule dénomination en fournit la preuve.

(*f*) Ce titre fastueux, que signifie-t-il autre
chose, sinon qu'Edgard se prétendait roi ou em-
pereur, ou chef suprême des petits rois des îles
voisines de l'Angleterre? il n'y est point question
de l'empire de la mer. Les rois dont il s'agit

étaient ceux d'Irlande et de l'île de Mona ou
Man. Cette dernière se remit peu après en liberté,
et son roi s'empara en 1066 de Dublin et d'une
grande partie du comté de Leycester; il tenait les
Ecossois sous le joug. L'Irlande de son côté re-
couvra également son indépendance jusqu'au
douzième siècle. Il ne peut point être question
des îles septentrionales; car à l'époque dont il
s'agit, elles étaient toutes sous la domination des
rois de Norwège. A la vérité, l'histoire rapporte
qu'Edgard avait des forces considérables sur terre
et sur mer : mais son unique objet était de se garantir des Danois, et c'est par ce moyen qu'il
réussit non à conquérir la mer, mais à maintenir
la paix et la tranquillité dans ses États.

(g) Regarder comme un titre de propriété une
bravade ! Quoi, Canut qui était un prince dis-
tingué par sa sagesse, s'est déclaré le dominateur
des mers, tandis qu'il avoue lui-même son impuis-
sance par sa fuite ! Nous devons observer que les
historiens sont plus exacts que *Selden*, publiciste.
Voici comment l'aventure de Canut est rapportée
par Kimber (*history of England*). « Se promenant
» le long de la mer près de Southampton, Canut,
» excédé des flatteries de ses courtisans, qui l'é-
» levaient jusqu'aux nues, et le comparaient
» même à Dieu, et voulant les convaincre de
» leur folie et de leur impiété, fit apporter un

» fauteuil, se plaça là où la marée commençait
» à monter, et fit à la mer l'allocution citée par
» *Selden.* » Le motif du langage de Canut est
bien différent de l'intention que lui prête notre
auteur de se déclarer le dominateur des mers.

(*h*) Il faut, pour acquérir : 1° que la chose soit
susceptible d'une occupation continue ; 2° que la
possession réelle et non idéale ait l'assentiment formel ou au moins présumé des parties
intéressées à la contester ; 3° que le laps de temps
prescrit par la loi fasse présumer l'assentiment ou
l'abandon. Voilà ce qu'exige la loi civile, et cette
loi écrite est obligatoire pour les membres de la
même société politique, parce qu'ils s'y sont soumis. Mais quelle force a-t-elle à l'égard des nations qui sont indépendantes les unes des autres ?
Des conventions peuvent y suppléer : hors de là,
comment acquérir des droits ? Ceux qui n'auraient
pour base que la force, c'est-à-dire, la violation
des principes les plus clairs du droit naturel,
n'obligent personne, et toute autre force surve-
nante peut réclamer contre eux. Cette matière
reviendra plus bas, lorsque *Selden* affirme que le
domaine de la mer peut s'acquérir comme celui
d'un champ ou d'un pré.

(*i*) Mais cela ne veut point dire non plus que
Henri Ier prétendait avoir l'empire de la mer : la

seule induction raisonnable qu'il soit permis de tirer de ses ordres, est qu'il regardait comme son domaine jusqu'à une certaine distance, les eaux baignant les côtes de son royaume. Or, personne ne conteste cette espèce de domaine. Mais à l'époque dont nous parlons, ce domaine était nécessairement indéterminé et même arbitraire, parce qu'alors les canons et les boulets étaient encore inconnus ; que par conséquent, il n'y avait point *actio in distans*, et qu'on s'étendait en mer aussi loin qu'il était nécessaire, ou qu'on pouvait, pour garantir les côtes des ravages des pirates, avec qui il fallait se battre corps à corps. Au reste, il faut remarquer que Henri Ier était en guerre avec Guillaume Cliton, prétendant à la Normandie, et soutenu par le roi de France Louis VIII, dit le Gros. Ainsi, il était tout simple que Henri fît des dispositions pour la sûreté de ses côtes. Mais ces précautions n'étaient ni l'effet du prétendu domaine de la mer, ni un titre pour l'acquérir, et encore moins une preuve que Henri en avait le projet. Il est important d'observer que dans le siècle de ce prince, et bien long-temps après, la mer était un véritable théâtre de brigandage, et qu'on poursuivait les pirates partout où ils se trouvaient. On ne connaissait, comme je l'ai déjà dit, aucune mesure pour déterminer la ligne jusqu'où s'étendait le domaine maritime ; il y a même lieu de penser qu'il n'en existait aucune , et qu'on se croyoit en droit d'agir partout **en** vertu de la communauté indéfinie de la mer.

(*k*) Pour admettre le sens que *Selden* donne aux termes que nous rapportons, il faut n'avoir point lu l'histoire de Henri III. Quoi ! ce prince que les auteurs anglais dépeignent comme un modèle de faiblesse et d'incapacité, dont le règne a constamment été troublé par des guerres civiles, et qui même a été fait prisonnier par ses barons, a eu l'ambitieuse prétention de s'emparer du domaine de la mer : et aux dépens de quelles nations? Henri n'avoit de rapports qu'avec Saint-Louis, qui, bien loin d'être dans la nécessité de recevoir la loi, exerça, à plusieurs reprises, les fonctions d'arbitre entre le roi d'Angleterre et les grands de son royaume.

Mais enfin, que signifient les mots génériques *custodia, custos*? ils signifient en français, *garde* et *gardien*. Or, nous pouvons garder, et nous avons intérêt aussi bien que le droit de garder une chose commune dont nous avons la jouissance, dès que nous en faisons usage, surtout dès que cette garde doit contribuer à la sûreté de nos propriétés. L'histoire nous offre à cet égard un exemple mémorable. La ligue anséatique n'avait certainement aucune prétention au domaine de la mer ; cependant elle y exerçait en quelque sorte l'empire par la force de sa marine, et elle jouissait sans restriction de la pêche et de la navigation ; et c'est pour protéger l'un et l'autre qu'elle poursuivait à toute outrance les pirates qui infestaient les mers, particulièrement celles du nord. Alors, les anséatiques faisaient exclusivement le commerce dans ces mers ; ils avaient même un établissement considérable et privilégié à Londres. Or il n'existe aucun monument qui atteste qu'ils ne naviguaient que moyennant une permission du souverain de l'Angleterre.

Nous pouvons ajouter ici l'exemple de l'ordre de Malte. Tout le monde sait qu'il est dans son institution d'équiper des bâtimens de guerre pour assurer la libre navigation de la Méditerranée, et pour courir sus aux pirates barbaresques qui l'infestent. C'est bien là remplir les fonctions de *gardien* de la Méditerranée ; et cependant les Maltais n'ont jamais prétendu en avoir l'empire.

Nous croyons devoir ajouter ici la remarque suivante. En temps de guerre, les escadres tiennent la mer tant pour la sûreté des côtes du pays auquel elles appartiennent, que pour surveiller d'un côté les mouvemens de l'ennemi, de l'autre, le commerce des neutres. On peut certainement appeler cette mesure *garde* ou *protection* : en concluera-t-on que les souverains à qui sont les escadres, ont l'intention implicite de s'approprier la mer où elles sont en station ? Selon *Selden*, la chose n'est pas douteuse ; mais la saine raison et l'expérience démontrent le contraire. Ces princes jouissent d'une chose commune, et ils la gardent selon leur intérêt : voilà tout. Il en était sans doute de même autrefois, sauf les arrière-pensées que pouvaient avoir les souverains de l'Angleterre, ou que les auteurs leur attribuent.

Quoi qu'il en soit, si on analyse les termes mêmes du diplome de *Moleton*, on doit être convaincu qu'il y a un emploi de mots superflus : en effet, si Henri III se prétendait maître de la mer orientale, il l'était à plus forte raison des rivages de ses États ; par conséquent il était inutile de les énoncer. Ainsi, la seule induction qu'on puisse tirer du diplome en question, est que *Moleton* a été autorisé, comme il pouvait l'être, à croiser au-delà des eaux de la côte, pour d'autant mieux en assurer la tranquillité, précaution nécessaire dans un temps où la mer était couverte de pirates très-entreprenans et très-dangereux. Si *Selden* a raison, il en résulte qu'un homme veillant autour de sa maison pour en écarter les voleurs, fait un acte possessoire sur les chemins ou sur les terres voisines, où il se met en embuscade.

(*l*) *Voyez* la note précédente.

(*m*) Qu'est-ce, dans le droit des gens, qu'une pétition des marchands de Londres ? Jamais une pareille pièce a-t-elle pu être un titre de propriété au préjudice des nations étrangères ? Les marchands pétitionnaires auraient donc pu également donner à leur souverain les royaumes de Norwége, de Danemarck et de Suède, et le gratifier d'Emb-den, fameux repaire des pirates.

Mais enfin, que disent ces marchands ? Rien autre chose, sinon que la mer entre l'Angleterre et la Zélande est sous la *tutelle du roi*. Or, cette expression n'indique ici que protection, et le droit de protéger appartient à tous les États maritimes dans toutes les mers connues; ils peuvent avoir des escadres protectrices *tutelaires* dans les mers d'Afrique, dans le Golfe Arabique, dans les deux Indes ; prétendent-elles le domaine privé dans tous ces parages ?

(*n*) Cette explication est ingénieuse ; mais est-elle exacte? La mer est commune, j'ai donc le droit d'en user, et j'en use pour la sûreté de mes côtes, c'est-à-dire, pour y empêcher le brigan-dage, et (aujourd'hui) pour repousser le commerce interlope. Certes, ces précautions n'exigent point que la mer m'appartienne ; car j'en ai l'usage comme si elle était ma propriété exclusive. Ainsi, cet usage n'est point identique avec la propriété, avec le domaine.

(*o*) Ce long passage que nous avons cru devoir traduire littéralement, mérite d'être examiné de près ; car il a pour objet d'établir : 1° *Que le domaine ou empire britannique maritime s'étend le long des côtes de la France, jusqu'aux frontières de l'Espagne; 2° Que cet empire est propre et inhérent à la Grande-Bretagne,* et non un dérivé de la possession où cette puissance a été d'une grande partie des provinces maritimes de la France.

Pour prouver ses propositions, l'auteur rapporte les diplomes ou provisions des amiraux et préfets maritimes, et il emploie deux grands chapitres pour les analyser. Tâchons de le suivre dans ses développemens.

Selon lui, dès le règne d'Edouard Ier, l'Angleterre prétendit avoir la souveraineté, non seulement des côtes, mais aussi indéfiniment de toutes les mers environnantes. Or, pour procurer cette souveraineté, quels titres invoque-t-il ? Les diplomes donnés aux amiraux ou préfets maritimes. Pour juger de la validité de pareils titres, il faut d'abord examiner à qui on prétendait les opposer ; il ne pouvait être question que des nations voisines : car dans le siècle d'Edouard, et long-temps après, on ne connaissait guères les contrées éloignées. En effet, l'industrie anglaise n'était pas même encore dans son enfance, et le commerce avec l'étranger était aussi borné dans son objet que dans son étendue.

Il faut surtout remarquer que, sous Edouard Ier, il régnait un brigandage effréné sur terre comme sur la mer. Ecoutons *Hume* sur ce point : « La

» violence (dit-il), les vols, les désordres auxquels
» ce siècle était exposé, n'étaient pas concentrés
» sur terre : la mer était également infestée de
» piraterie. La faible exécution des lois avait
» livré tous les ordres à la licence ; et un ap-
» pétit général de rapine et de vengeance, for-
» tifié par un faux point d'honneur, avoit in-
» fecté jusqu'aux marchands et aux gens de mer ;
» et il les porta à tirer vengeance de la plus
» légère provocation, en employant le talion
» contre l'agresseur. Un navire normand et
» un anglais se rencontrèrent vers la côte de
» Bayonne ; et ayant l'un et l'autre besoin de
» faire eau, ils envoyèrent leurs canots à terre ;
» et les équipages se trouvèrent en même temps
» à la même source ; il survint une querelle pour
» la préférence : un normand tira son poignard
» et chercha à frapper un anglais ; ce dernier
» lutta avec son adversaire, le renversa par
» terre, et le normand, à ce qu'on prétendait,
» tombant sur son propre poignard, fut tué.
» Cette dispute entre deux marins pour de l'eau,
» alluma aussitôt une guerre sanglante entre les
» deux nations, et enveloppa une grande partie
» de l'Europe dans la querelle. Les matelots du
» navire normand portèrent plainte au roi de
» France : Philippe, sans s'informer du fait,
» sans demander satisfaction, leur ordonna de
» prendre leur revanche, et de ne plus l'impor-

» tuner à ce sujet. Les normands qui , dans
» cette occasion , s'étaient conduits avec plus de
» régularité qu'ils n'avaient coutume de faire ,
» n'eurent besoin que de cette réponse pour exer-
» cer aussitôt des actes de violence. Ils saisirent
» un vaisseau anglais dans le canal, et le ren-
» voyèrent , après avoir pendu , avec quelques
» chiens, plusieurs gens de l'équipage , et com-
» mandèrent aux autres d'informer leurs com-
» patriotes qu'on a vengé le sang du normand
» versé à Bayonne. Cette injure , accompagnée
» d'une insulte si générale et si délibérée , fut
» ressentie par les marins des cinq ports , qui ,
» sans porter aucune plainte au roi, ou atten-
» dre une réparation , usèrent de représailles en
» exerçant la même barbarie indistinctement sur
» tous les vaisseaux français. Les Français, pro-
» voqués par leurs pertes , coururent sus aux
» vaisseaux des sujets d'Edouard , anglais ou
» gascons : la mer devint un théâtre de pira-
» terie entre les deux nations. Les souverains,
» sans seconder ni réprimer les violences de
» leurs sujets , semblaient en être spectateurs
» indifférens. Les Anglais firent des associations
» privées avec les marins irlandais et danois,
» les Français avec les Flamands et les Génois ;
» et l'animosité devint de part et d'autre , chaque
» jour, plus violente et plus barbare. Une flotte
» de deux cents navires normands fit voile vers le

» sud pour y charger du vin et d'autres mar-
» chandises, et saisit dans son passage tous les
» bâtimens anglais qu'elle rencontra, pendit les
» matelots et s'empara des marchandises. Les
» habitans des ports d'Angleterre, informés de
» cet accident, préparèrent une flotte de soixante-
» dix voiles, plus forte et mieux équipée que les
» autres, et attendit l'ennemi à son retour :
» après un combat obstiné, les Anglais mirent
» les Normands en déroute, et coulèrent bas,
» détruisirent ou prirent la plupart de leurs vais-
» seaux. On n'accorda point de quartier, et on
» prétend qu'il périt plus de quinze mille Fran-
» çais, parce que les bâtimens normands étoient
» chargés d'un corps considérable de troupes
» qu'ils ramenaient du sud.

» Cette affaire ne pouvait plus demeurer in-
» différente aux deux souverains : ils cherchè-
» rent, mais vainement, des moyens de conci-
» liation. Ainsi, la guerre éclata entr'eux ; et
» Edouard, pour qui les événemens furent mal-
» heureux, fut déclaré déchu de la Guienne
» pour cause de félonie ; et, quoique Philippe
» eût promis, par une convention particulière,
» de restituer cette province, il la retint. Mais
» enfin, après bien des incidens, le pape Boni-
» face VIII intervint comme médiateur, et les
» deux rois se réconcilièrent, aux conditions
» suivantes : il fut convenu que leur union se-

» rait cimentée par un double mariage , celui
» d'Edouard lui-même , alors veuf , avec Mar-
» guerite, sœur de Philippe , et celui du prince
» de Galles avec Isabelle, fille de ce monarque;
» et Philippe consentit à la restitution de la
» Guienne. »

Tel est le récit de *Hume* concernant les querelles d'Edouard Ier avec la France. On doit remarquer (pour nous renfermer dans notre sujet),
que la principale cause de la guerre avait la
mer pour objet. Les Français, ou, si l'on aime
mieux, les Normands violèrent (selon le système
de *Selden*) le domaine maritime de la Grande-
Bretagne, tant le long des côtes occidentales de
la France, que dans la Manche : Edouard avait
donc droit de s'en plaindre et de demander non
seulement une juste réparation, mais aussi une
reconnaissance authentique de sa souveraineté.
Cependant il n'est aucunement question de son
prétendu domaine maritime ; il ne s'agit dans
tout le débat que de déprédations et d'actes de
cruauté commis de la part des marins respectifs ;
et toute la contestation fut terminée par un
double mariage : il faut donc rayer des moyens
justificatifs de *Selden*, tout ce qui s'est passé sous
le règne d'Edouard Ier.

Quant aux diplomes, c'est-à-dire, aux actes
domestiques que *Selden* analyse avec tant d'em-
phase, et auxquels il donne une si grande valeur,

il faut les mettre à l'écart et les reléguer dans
les archives où l'auteur a été les déterrer. Mais,
ce qu'il faut particulièrement remarquer, c'est
ce qu'il dit des mers qui bordent les côtes de la
France, savoir, de la Picardie, de la Normandie, etc., jusqu'aux frontières de l'Espagne.
Selon lui, ce n'est point en conséquence de ces
provinces autrefois possédées par les rois d'Angleterre, mais en vertu d'un droit propre à ce
royaume, que ces mêmes mers en sont une dépendance.

On peut demander d'abord où sont les actes
possessoires à ce dernier titre ? où est l'aveu des
souverains de la France ? où sont les traités
qui le consacrent ? Et les rois d'Angleterre à
quel titre prétendent-ils la propriété d'une portion quelconque des mers qui environnent leur
royaume ? C'est certainement comme souverains
de ce même royaume, c'est pour en assurer la
tranquillité. Or, les droits qu'ont ces princes à
cet égard, les autres souverains l'ont également ;
et certainement le roi de la Grande-Bretagne n'a
aucun titre de suprématie pour empiéter sur ce
droit. Il n'en était point question sous Charlemagne, ni sous ses successeurs, quoique peu
occupés de la mer ; et tous ces monarques avaient
sur celles qui environnent le royaume, les mêmes
droits que les rois d'Angleterre avaient chez eux.
Ce droit (comme il l'est par sa nature) était facul-

tatif ; et qui que ce fût ne pouvait le leur enlever malgré eux : il était inhérent à la souveraineté, il en était inséparable. Les grands vassaux de la France, nommément les rois d'Angleterre, l'usurpèrent, comme ils avaient usurpé presque tous les droits de souveraineté ; et cet état de choses subsistait dans toute sa force, lorsque Guillaume-le-Bâtard, dit le Conquérant, transmit son duché à ses successeurs au trône d'Angleterre. C'est là le premier titre au domaine de la mer qui sépare la Normandie de la Grande-Bretagne. Ce domaine s'agrandit à mesure que les rois d'Angleterre acquirent les provinces occidentales de la France, savoir, l'Aquitaine et la Guienne ; et de là vinrent les dénominations différentes données à la mer dans ces parages. Mais, je le répète, le domaine maritime était une usurpation sur la suzeraineté royale, en tant qu'elle concernait le rivage ; il était une chimère à l'égard de la pleine mer. Une preuve positive que ce sont les provinces qui ont donné leur nom aux eaux voisines, comme des dépendances, c'est que l'Armorique ou Bretagne a également donné le sien aux eaux qui la baignent, et que les Anglais, malgré leurs prétentions sur la Bretagne comme relevant de la Normandie, n'ont jamais prétendu en avoir le domaine. Eh ! pourquoi ceux-ci n'ont-ils jamais réclamé la mer qui touche aux côtes de la Biscaye ? C'est sans coutredit parce qu'ils n'ont jamais possédé cette province espagnole.

Mais, dit *Selden*, il est si vrai que les mers de Guienne, d'Aquitaine, de Normandie, de Picardie, n'appartenaient point à l'Angleterre, comme dépendantes de ces provinces, mais en vertu d'un droit propre, que ce n'est qu'après avoir perdu toutes ces provinces françaises, que leurs noms furent insérés dans les diplomes des amiraux, comme limites de la mer britannique : c'est donc à ce titre, qu'après avoir .perdu le principal, les rois d'Angleterre prétendirent avoir conservé l'accessoire. Cette manière de raisonner est contraire aux premiers élémens d'une saine logique. D'ailleurs, pour acquérir une propriété quelconque, il faut, non se fabriquer à soi-même des titres, mais posséder exclusivement, sans discontinuation, et de l'aveu des parties intéressées. Or, d'un côté, la possession continue en pleine mer est impossible ; de l'autre, *Selden* ne produit aucun acte qui constate l'aveu des souverains de la France relativement aux eaux voisines des côtes. Ce qui constate précisément le contraire, est qu'après leur expulsion, les rois d'Angleterre n'ont certainement accordé ni patentes, ni sauf-conduits pour la libre navigation aux habitans de la Guienne, de l'Aquitaine ou de la Normandie.

Nous sommes donc autorisés à rejeter toutes

les interprétations que l'auteur s'efforce de donner aux diplomes des amiraux anglais, ainsi que les inductions qu'il en tire. C'est l'air triomphant avec lequel *Selden* traite cet article, qui nous a engagés à étendre l'extrait que nous en avons fait, ainsi que nos observations. Si le lecteur est curieux de voir la logique avec laquelle *Selden* a traité ce point de son ouvrage, nous l'invitons à lire les chapitres XVI et XVII de son *Mare clausum*.

Nous croyons devoir terminer cette longue note par la remarque suivante : l'Angleterre, selon *Selden*, est souveraine, non seulement de la Manche, mais aussi des mers qui baignent l'occident de la France. L'effet naturel de cette souveraineté (comme le dit notre auteur) est le droit d'admission et d'exclusion. Or, Philippe-le-Bel admit les vaisseaux de la ligue anséatique dans ses ports, et Charles VIII, à l'exemple de Louis XI son père, leur accorda des avantages particuliers. Peut-on présumer que ces deux Princes ou la ligue prirent l'attache du gouvernement anglais pour avoir la permission de traverser la Manche, et de naviguer au-delà dans les mers de Picardie, de Normandie, d'Aquitaine et de Guienne ? Non seulement *Selden* n'avance point un pareil fait, mais il ne dit même rien qui autorise à le soupçonner. On peut donc dire avec une parfaite assurance, qu'il n'a point existé ;

que par conséquent la prétention anglaise, du moins relativement à la France, est demeurée ensevelie dans les diplomes de ses amiraux ou préfets.

(*p*) *Selden* convient donc que l'Angleterre ne réclame pas la mer Armorique ou de Bretagne, quoiqu'enclavée dans celles qu'il prétend lui appartenir, parce qu'elle n'a jamais possédé paisiblement ce duché. Cet aveu prouve, contre l'auteur lui-même, que c'est comme dépendances de ses provinces que la Grande-Bretagne possédait en France, qu'elle occupait les mers qui les touchent. Il résulte de là, quoi qu'en dise l'auteur, qu'en perdant ces mêmes provinces, les rois d'Angleterre ont perdu en même temps le domaine des mers voisines. Dire le contraire dans un diplome est chose facile : mais il n'est point également facile d'en assurer l'effet.

(*q*) Cette remarque prouve que Charlemagne connaissait et respectait le droit des gens, ou du moins qu'il en avait le sentiment. Ce grand prince, selon *Selden* lui-même, savait que le rivage de la mer, et rien au-delà, appartenait à son domaine, et que la pleine mer est commune à tous les peuples. Il est assez singulier qu'on présente ce respect pour la loi des nations, comme un aveu des prétentions envahissantes de la Grande-Bretagne. Si les successeurs de Charlemagne donnèrent moins que lui attention aux choses maritimes, ce fut sans doute une grande négligence; mais cette négligence est-elle un titre pour établir chez eux le domaine des rois d'Angleterre?

(*r*) Eh ! qu'est-ce que cela a de commun avec le domaine de la mer ? Elle est un élément dont on use ou n'use pas : mais le non usage n'en détruit point la nature. Il est libre, il est commun pour tous. Sans doute cette communauté peut bien être interrompue par la force ; mais celle-ci ne saurait la détruire. Quant aux fonctions de l'amiral, le souverain de la France pouvait les régler selon son bon plaisir ; il pouvait y attacher ou la juridiction sur les affaires maritimes, ou le commandement de ses flottes ; il pouvait même n'avoir point d'amiral, et abandonner la mer à elle-même : tout cela était aussi étranger aux autres nations que les diplomes expédiés pour les amiraux et préfets maritimes de la Grande-Bretagne.

(*s*) Tout cela est étranger à la question. Si nous voulions imiter l'exemple de *Selden*, nous dirions que *le lieutenant général par la mer et grèves* est de droit le gardien de la mer et de la grève ; que par conséquent les rois de France ont, comme ceux d'Angleterre, prétendu au domaine de la mer. Mais nous abandonnons un moyen aussi insignifiant, et nous disons que là où commence la pleine mer, elle est libre et non susceptible de possession, ni par conséquent de domaine. C'est dans ce sens, et dans ce sens seulement, que les auteurs français ont pu dire que les rois de France n'ont jamais eu de domaine maritime. Et l'auraient-ils ôté à leur souverain pour l'adjuger aux souverains de la Grande-Bretagne?

(*t*) Cela s'appelle trancher la difficulté : mais est-ce la résoudre? Nous demandons pourquoi les rois d'Angleterre prétendent au domaine de toutes les mers circonfluentes? Si ce n'est pas en raison du continent anglais, il faut qu'on assigne un autre titre à leur empire maritime. Mais, de bonne foi, où le chercher? Les mers que l'Angleterre réclame comme son patrimoine, pourquoi les nomme-t-elle britanniques? *Selden* ne nous dit-il pas lui-même, que c'est parce qu'elles sont considérées comme appartenantes au continent, comme des provinces constituant un tout indivisible avec la terre ferme? C'est donc le royaume d'Angleterre qui est le titre de la propriété maritime réclamée par les souverains de la Grande-Bretagne.

Quant aux fleuves, leur sort n'est point réglé par le droit des gens, mais par le droit public

adopté par chaque état. Ainsi, ils sont parfaitement étrangers à la question. D'ailleurs les fleuves peuvent être protégés , par conséquent ils
sont susceptibles de propriété (1) comme les
grèves.

(*v*) Quoi ! parce que la France a été déchirée
par des guerres civiles , que les grands vassaux
ont usurpé les droits du suzerain , que celui-ci
a été dépouillé de ses provinces maritimes , qu'il
n'avait plus de marine faute de ports , il n'a
point pu, en rentrant dans ses domaines , recouvrer des droits qui en dépendaient , que l'anar-
chie lui avait enlevés , et auxquels il aurait même
vainement renoncé !

(*x*) C'est que les Français étaient moins avides
que les Anglais. S'il est seulement question des
rivages , les rois de France en ont reconquis le
domaine de plein droit.

(*y*) Telles sont les prétentions de l'Angleterre ;
mais on ne saurait trop le répéter , où sont les
pièces justificatives ? Et qu'est-ce qu'un rivage qui
s'étend fort au loin ? qu'est-ce qu'un domaine composé des flots indomptables de la mer ? qu'est-ce

---

(1) *Voyez* première partie.

qu'une prétendue possession que la nature même des choses reprouve ? qu'est-ce, enfin, qu'un empire qui n'est fondé que sur une possession idéale ?

(2) Il est très-extraordinaire, pour ne rien dire de plus, de supposer que les îles de Jersey, etc., appartiennent à l'Angleterre comme faisant partie de son domaine ou empire maritime, tandis qu'il suffit d'ouvrir les yeux pour se convaincre qu'elles étaient une dépendance de la Normandie, et que ce n'est qu'à ce titre que les rois d'Angleterre les possédaient ; Guillaume-le-Conquérant les tenait au même titre. Or, son duché était un fief relevant de la couronne de France ; ainsi les îles étaient également sous la suzeraineté de cette couronne. Elles n'appartenaient donc point au domaine, à la glèbe de l'Angleterre ; donc elles ne faisaient point partie de son domaine maritime. Après la mort de Guillaume, Robert son fils aîné conserva les îles avec le duché, tandis que son cadet devint roi d'Angleterre. Après Robert, la Normandie et ses dépendances passèrent aux descendans de Guillaume, sous le lien vassallitique. A l'extinction de la race normande, la Normandie aurait dû retourner au suzerain ; mais sans entrer dans cette question, nous observons que la Normandie, après être demeurée en la possession des rois d'Angleterre, retourna irrévocablement sous la domination des rois de France, et personne,

sans doute, n'admettra que le domaine de la mer dans ces parages demeura à la Grande-Bretagne ; car personne ne croira que les Anglais expulsés aient conservé le droit de faire la loi à Charles leur vainqueur. Les îles leur restèrent avec leur rivage , et on ne leur conteste ni l'un ni l'autre. Quant aux motifs qui ont influé sur cet arrangement, ils n'appartiennent point à notre sujet.

Si , comme le dit l'auteur , plusieurs nations reconnurent le domaine anglais sur cette partie de la mer , *par raison du royaume d'Angleterre* , ce fait , que nous n'avons aucune raison de contester , est parfaitement étranger à la France , et il ne mérite pas d'être réfuté.

(*aa*) Sans contredit la France avait peu de côtes avant qu'elle eût recouvré ses provinces maritimes ; mais ses vassaux possédaient pour elle et en son nom ; et à mesure que ces mêmes provinces repassèrent sous la domination immédiate des rois , les côtes et les rivages subirent la même révolution. Si les Anglais , après avoir été expulsés de la Normandie , sous Philippe-Auguste et ensuite par Charles VII , prétendent à cette possession exclusive , il faut qu'ils aient un titre formel , un titre synallagmatique. Or , *Selden* , qui a scrupuleusement compulsé toutes les archives , qui a passé en revue tous les papiers entassés dans la tour de Londres , n'a pu en déterrer aucun. Ainsi ,

nous pouvons dire que relativement aux parages
dont il s'agit , la France et l'Angleterre sont demeurées dans les limites du droit commun.

(*bb*) Cette conséquence est si forcée , que nous
pourrions nous dispenser de la relever. Toutefois
nous observons que Henri possédait encore le duché d'Aquitaine ; que par conséquent il était tout
simple qu'il donnât à l'Espagnol un passeport
pour se rendre de Londres à la Rochelle ; il lui
en aurait fait expédier un pour la Russie , si de
son temps l'Angleterre eût eu des relations avec
cet empire. Quoi qu'il en soit , *per regna dominia
et potestatem nostram* , ne signifient pas la mer qui
coule entre Londres et la Rochelle ; ils dénotent
simplement le point de partance et celui de l'arrivée. Si l'on eût voulu désigner la mer intermédiaire,
on aurait dit et dû dire, *per maria nostra*. Mais, sans
doute , Henri IV absorbé par des querelles domestiques , n'était pas occupé des vues que lui prête
l'auteur.

(*cc*) Rien n'est moins probant que ce sauf-conduit ; il promet sûreté aux ambassadeurs de
Charles VI , par mer et par terre ; cela veut dire ,
dans les plages dépendantes des côtes anglaises.
D'ailleurs alors les mers étaient peu sûres , et il
convenait à Charles VI de prendre toutes les précautions nécessaires pour empêcher qu'on ne por-

tât atteinte à la sûreté et à la dignité de ses ambassadeurs. Au reste , le mot *mer* est du nombre de ces termes génériques qui ont besoin d'être fixés ; en effet , il désigne aussi bien les rivages que la pleine mer.

(*dd*) Quelle conséquence tirer de cette différence de formule ? Il ne s'en présente aucune à mon esprit , sinon que chaque pays a ses usages et son style.

(*ee*) L'examen de cet acte de violence n'entre pas dans notre sujet.

(*ff*) Ce que *Selden* dit ici , est étranger à la question ; en effet , comme il l'observe lui-même , l'Angleterre était en guerre avec l'Espagne. Or , on sait que la jurisprudence maritime a constamment varié à l'égard des neutres , et que le plus fort a toujours fait la loi conformément à son interêt.

(*g g*) Ce fait est positivement démenti. *Cambden* , auteur anglais , contemporain de *Selden* , dit : *regina , legatos benignissimè complexa , fœdera renovanda , bona , si quœ fuerint intercepta , restituenda , nec deinceps intercipienda , certis legibus promisit.* Ces lois ou conditions étaient que toutes les marchandises seraient libres hormis les instrumens de guerre.

(*hh*) L'état hostile entre l'Espagne et l'Angleterre rendait cette précaution nécessaire. Le droit des gens était peu respecté, ou, pour mieux dire, peu connu dans ces temps reculés ; les pirateries étaient perpétuelles, et les usages maritimes de l'Angleterre devaient inspirer de l'inquiétude sur le sort des cargaisons ; on ne connaissait pas alors les escortes armées. Cette remarque est applicable à la demande d'un passeport, faite par le roi de Suède.

(*ii*) Ces ordres valent autant que les diplomes des amiraux ou préfets maritimes ; c'est-à-dire, qu'ils ne sauraient être opposés aux autres nations. Quant à la saisie des vaisseaux pour être employés au service du roi, elle est un acte de violence, et non une preuve du domaine maritime. *Selden* cherche vainement à l'affaiblir en présumant que cette mesure a été exécutée avec justice : car justice et violence sont difficiles à concilier.

(*kk*) Suivant le droit commun, la pleine mer est à tous, et suivant le droit coutumier les eaux qui baignent les rivages, sont censées faire partie du territoire, et appartenir au domaine public. Voilà un principe positif dont il importe de ne jamais s'écarter, et d'après lequel il faut apprécier toute la doctrine de *Selden* concernant la pêche comme la navigation.

Il parle de droits imposés aux étrangers pour les permissions, et ces permissions il les allègue comme des preuves de l'empire de la mer. Mais on peut rappeler à *Selden*, ici, comme presqu'à chaque page de sa dissertation, le proverbe, qui prouve trop ne prouve rien. Quant on cite des faits, des actes, des dispositions quelconques, il faut d'abord s'en tenir au texte littéral : et s'il est obscur, équivoque, le rapprocher des principes généraux relatifs à la matière. On doit supposer que l'auteur des actes les a pris pour règle de ses dispositions ; c'est ainsi que les actes des particuliers sont interprétés d'après les dispositions de la loi civile, et que ceux des souverains le sont d'après les principes du droit des gens. Appliquons ces vérités à ce que dit notre auteur des taxes imposées sur la pêche étrangère, du temps du roi Henri VIII.

Ce prince poursuivait une guerre malheureuse en France. Il était pressé par les besoins les plus urgens, et ses sujets étaient accablés d'impôts. C'est dans de pareilles conjonctures que le parlement mit une taxe sur la pêche étrangère. Où se faisait cette pêche ? était-ce sur les côtes ou en pleine mer ? *Selden* ne le dit pas. Il faut donc suppléer à sa reticence, et cela est facile. La pêche se fait communément le long des côtes ; les côtes font partie du territoire ; ainsi les étrangers venant pêcher sur les côtes d'Angleterre, étaient obligés, ou de subir la loi du souverain, ou de se retirer. Voilà le sens naturel des dispositions du parlement d'Angleterre. Mais *Selden* ne pouvait s'en contenter, faute de pouvoir l'encadrer dans son système du domaine maritime au-delà des rivages ; il a donc jugé nécessaire d'y suppléer en argumentant, *a minori ad majus*, quoique cette manière de raisonner soit condamnée par Aristote et plus encore par le sens commun. Pour tout réduire en une seule phrase, je dis : le parlement, en établissant une taxe sur la pêche étrangère, est censé ne l'avoir imposée qu'à ceux qui venaient fréquenter les eaux qui baignent les côtes de la Grande-Bretagne. *Selden* dit le contraire ; mais il ne le prouve point.

Quant à son observation concernant les sauf-conduits donnés par le roi de France, par le duc de Bretagne, etc., elle est d'une telle exagération, qu'elle ne mérite point d'être réfutée.

(*ll*) Dans quels parages les Français pêchaient-ils ? *Selden* ne le dit pas. Les Basques ont autrefois fait librement la pêche de la baleine, et ils l'ont abandonnée de même.

(*mm*) On ne saurait contester ce droit le long des côtes, et c'était là probablement la cause de la saisie.

(*nn*) Cet édit est un acte domestique. D'ailleurs les dénominations de mer britannique, d'Irlande, sont génériques comme celles de mer de Gascogne, ou de Biscaye, d'Arabie, d'Amérique, etc. Elles indiquent, non la limite du domaine, mais les parages dans lesquels le domaine auquel on a droit est situé. Si la France disait : on ne pêchera point sans ma permission dans l'Océan atlantique, dirait-elle autre chose sinon qu'elle ne veut point qu'on pêche dans ses eaux, lesquelles font partie de cet Océan ? Et certes elle ne croirait pas s'arroger par-là l'empire de l'atlantique occidental. Les noms des mers n'en désignent point le domaine ; dans le cas contraire, le golfe arabique, par exemple, appartiendrait exclusivement aux Arabes, tout le golfe du Mexique à l'Espagne, etc.

(*oo*) Rien n'est plus arbitraire que cette interprétation ; car elle n'est point conforme aux traités auxquels *Selden* l'applique. En disant que la pêche sera libre de part et d'autre, cela signifie qu'on n'a eu en vue que les côtes respectives, ou qu'on a regardé les eaux intermédiaires comme communes entre les deux nations, c'est-à-dire, qu'elles y avaient un droit égal, et non que l'une ne serait qu'usagère, tandis que l'autre serait souveraine. On ne conçoit pas comment on ose trancher avec tant de légéreté sur les droits les plus importans des nations.

(79)

(*pp*) Nous ne faisons cette note que pour prouver que nous n'adoptons pas les inductions créées par *Selden*, pour soutenir son système ; car il sera facile au lecteur de les réfuter. Si le roi d'Angleterre avait l'empire des mers , pourquoi, au lieu de convention , ne se contenta-t-il pas de publier un édit, et de le notifier aux autres puissances avec injonction de le respecter ? Ou bien pourquoi ne se bornait-il pas à une simple déclaration ?

Quant à la remarque de *Selden* , par rapport à la désignation de Scarborough, elle est bien minutieuse ; car depuis cet endroit, il n'y a qu'une trentaine de lieues jusqu'aux frontières de l'Écosse , où le roi d'Angleterre n'avait rien à ordonner. Ainsi , selon l'auteur, ce petit espace fut excepté. Mais cette exception n'est point vraisemblable ; on n'a probablement indiqué Scarborough que comme le lieu principal de la plage septentrionale de l'Angleterre , et non comme un point mathématique de séparation ou d'exclusion.

(*qq*) Il est évident qu'il n'est question que de la mer baignant les côtes.

(*rr*) Rien n'est plus simple, plus clair, plus raisonnable , que cet édit de Jacques Ier. Il défend les voies de fait dans les eaux dépendantes de son royaume , parce que ces eaux sont un lieu neutre. Mais l'édit ne contient pas un mot d'où l'on puisse inférer, ni même soupçonner que Jacques eut l'intention d'y comprendre tout le canal, la mer orientale, et l'Océan atlantique jusqu'aux côtes de de Biscaye, et de là jusqu'à l'Amérique espagnole. C'est toutefois là ce que prétendent *Selden* et son oracle *Albericus Gentilis*. Si, au lieu de faire des commentaires, des suppositions, *Selden* eût consulté l'histoire du règne précédent, il se serait convaincu que sa théorie, qu'il applique à Jacques Ier, n'avait point été celle d'Élisabeth; et cependant cette princesse connaissait bien les droits de sa couronne, et elle savait tout aussi bien les faire valoir. Voici ce que rapporte *Hume* dans son histoire d'Angleterre.

Le célèbre navigateur Francis, Drak s'étant enrichi par ses déprédations dans l'isthme de Panama, et voulant courir de nouvelles aventures, obtint de la reine Élisabeth quatre vaisseaux et une pinace avec cent soixante hommes d'équipage. Il passa dans la mer du Sud par le détroit de Magellan, surprit les Espagnols, et fit sur eux un immense butin. La crainte d'être pris dans son retour, l'engagea à gagner la mer Pacifique, et à chercher un passage par le nord de la Californie. De là il fit voile vers les Indes Orientales, et revint par le cap de Bonne-Espérance. Après son retour, le roi d'Espagne porta des plaintes contre lui à la reine Élisabeth. Voici la réponse de cette princesse, telle que la rapporte *Cambden*.

« Les Espagnols se sont attirés ces maux par
» leur iniquité envers les Anglais , à qui ils ont
» interdit le commerce au mépris du droit des
» gens. Drak répondra en justice , s'il est con-
» vaincu d'avoir agi contre le droit : ses richesses
» ont été déposées dans l'intention de satisfaire
» les Espagnols , quoique la reine ait dépensé
» des sommes infiniment plus considérables que
» celles apportées par Drak , contre les rebelles
» que le roi d'Espagne a excités en Écosse et en
» Angleterre. Qu'au reste elle ne pouvait point
» comprendre pourquoi il soit défendu à ses sujets
» et à ceux des autres souverains de fréquenter
» les Indes ; que les Espagnols ne peuvent se
» persuader qu'elles leur appartiennent en vertu
» d'une donation du pontife romain , à qui on ne
» reconnaît en pareille matière aucune autorité
» qui puisse obliger les princes qui ne lui doivent
» aucune obéissance ; donation par laquelle il
» semblerait avoir investi les Espagnols de ce
» Nouveau - Monde ; qu'ils n'ont point d'autre
» titre que celui d'avoir abordé , construit des ca-
» banes , donné des noms à un fleuve , à un pro-
» montoire , ce qui ne saurait être un titre de
» propriété. Que cette donation d'une chose
» étrangère , qui est nulle de droit , et cette
» propriété imaginaire , ne sauraient empêcher
» les autres nations de commercer dans ces mêmes
» régions , de conduire des colonies là où les

» Espagnols ne sont pas établis, la prescription » ne pouvant valoir sans la possession, et de » naviguer librement dans ce vaste Océan, l'*usage* » *de la mer et de l'air étant commun à tous : qu'au-* » *cun peuple, aucune personne privée, ne peut* » *avoir de droit sur l'Océan, parce que ni la nature* » *ni l'usage public n'en permettent l'occupation.* » *Selden* avait certainement lu ce passage dans *Cambden*, puisqu'il cite souvent cet écrivain pour le réfuter. Mais s'il eût adopté les maximes d'Élisabeth, il n'aurait point eu occasion d'écrire son *Mare clausum*, sans affirmer que cette ignorante princesse avait trahi les intérêts de sa couronne. Ce qu'il y a de certain, est qu'elle a dissipé le fantôme de domaine attribué à ses prédécesseurs ; que par conséquent il faut recourir à ses successeurs pour en trouver le fondement. Or, on a vu plus haut la valeur des actes possessoires que *Selden* attribue à Jacques Ier.

(*ss*) L'auteur était donc dans le secret de Jacques ; mais quand même cela serait, quand même le roi eût eu une réserve secrète en donnant son édit, elle ne pourrait être considérée que comme une pensée fugitive. Les nations, comme les individus, ne connaissent que ce qui est exprimé. Ainsi les princes contemporains de Jacques ne connaissaient que les termes de son édit, ou ne pouvaient l'interpréter que suivant le droit commun. Et aujourd'hui les autres puissances maritimes ne font-elles pas des déclarations, des proclamations concernant toutes les mers ? Ont-elles l'arrière-pensée que ces mers leur appartiennent, ou que leurs proclamations sont un titre légitime pour les acquérir ? Si, comme l'affirme *Selden*, le roi d'Angleterre a eu une autre pensée, il faut admirer la générosité qu'il a montrée envers ses amis. (*Voyez* la note précédente).

Quant à la table que *Selden* rapporte à la suite de l'édit, ou pour mieux dire les conséquences qu'il en tire, sont démenties par les commissaires mêmes qui l'ont rédigée ; car ils disent positivement que la table *montre le rapport* (c'est-à-dire la distance) *en ligne droite d'un promontoire à l'autre.* Ainsi, si cette même table indique la ligne jusqu'où Jacques Ier consentait à restreindre son domaine maritime, il faut convenir qu'elle est fort étroite, et par conséquent bien inférieure à celle que trace *Selden*.

(*tt*) On a droit de supposer à Edouard III toutes les vues que l'ambition peut suggérer, car ce prince en avait beaucoup ; et pourquoi n'aurait-il pas aspiré à l'empire des mers, puisqu'il fit de si grands et de si longs efforts pour conquérir la France et l'Écosse ? Il avait d'autant plus d'avantage sur mer, que depuis long-temps on s'occupait en Angleterre des affaires maritimes, tandis qu'on les négligeait constamment en France. Toutefois le diplome rapporté par *Selden* ne prouve que le sentiment, la prétention d'Edouard, et nullement son droit ; car ce diplome est un acte purement domestique ; il ressemble à ces protestations que des princes cachent dans leurs archives, pour les faire valoir lorsqu'elles pourront être produites au grand jour. Au surplus, que dit Edouard ? dit-il que le domaine de la mer lui appartient ? Non, il dit seulement que ses prédécesseurs étaient les *maîtres* de la mer ; ce qui signifie, en style figuré, qu'ils avaient la prépondérance, comme étant les plus puissans ; et ils l'étaient en effet à l'égard des états du Nord, et surtout à l'égard de la France. Mais la prépondérance n'est point un titre de propriété ou de souveraineté ; elle peut dépouiller par la force : ce n'est là qu'un fait, et non un droit. Voilà tout ce que pouvait être l'empire de la mer, réclamé par Edouard dans les provisions de ses amiraux. Il a voulu les maintenir en empêchant les Français de porter des secours au roi d'Ecosse, à qui il faisait la guerre à toute outrance, et il ne craignait pas le ressentiment de Philippe de Valois, ni celui de Jean, son successeur.

(*uu*) Encore un acte domestique, par conséquent inutile. Au surplus, les mots, *roi de la mer*, ne valent pas plus ici que dans les diplomes ; ils signifient la *force* et non le *droit* ; ils sont dans la classe de toutes les flatteries qu'on emploie quand on sollicite une faveur auprès des grands.

(*pp*) Nous renvoyons le lecteur à la note précédente et au règne de Henri V, occupé de la conquête de la France.

(*vv*) Même remarque qu'à la note précédente.

(*xx*) *Voyez* note *ff.*

(*yy*) Où est situé le lieu nommé *Crauden*? *Selden* ne le dit pas, et on ne le trouve pas sur les cartes ; c'est probablement un lieu obscur situé sur la côte d'Angleterre. Quoi qu'il en soit, les Flamands avaient été pillés par des Anglais, et leurs vins conduits en Angleterre. Ils avaient donc un double titre pour demander justice à Edouard II, soit qu'ils aient été pillés en pleine mer ou sur les côtes de l'Angleterre. Ainsi, il était inutile d'attribuer à ce prince l'empire de la mer. Et ce n'est pas là précisément ce que disent les plaignans ; ils ne parlent de la mer britannique que relativement à la situation du lieu de *Crauden*, *dicti maris*, et non de la mer en général. D'ailleurs, comment concilier le domaine résultant de la reconnaissance attribuée au comte de Flandre, et l'immense commerce que faisaient les Flamands, particulièrement avec la Hanse tentonique ? Comment le concilier avec celui que les

villes hollandaises, membres de cette ligue indé-
pendante et puissante, faisaient dans le Nord?
Comment enfin peut-on supposer que les anséatiques se soient soumis à recevoir des permissions,
des sauf-conduits de l'Angleterre pour fréquenter
les ports de Flandre? L'histoire nous apprend
que cette ligue était considérée comme une puissance, qu'elle exerçait une véritable souveraineté
sur mer, et qu'elle fut dangereuse pour l'Angleterre elle-même. En effet, on sait qu'ayant rompu
tout rapport avec le roi Henri IV, les anséatiques saisirent tous les vaisseaux anglais, firent
des descentes et des dégats dans plusieurs provinces, et forcèrent enfin Edouard IV d'invoquer,
en 1474, la médiation du duc de Bourgogne,
Charles le Téméraire. Si on lit le traité signé à
Utrecht, on y verra combien le roi d'Angleterre
était loin de pouvoir prescrire des lois sur la mer,
et d'en réclamer le domaine. Il s'estima heureux
d'obtenir la liberté du commerce dans la Baltique.
Si, avant ces événemens, les rois d'Angleterre
avaient le domaine maritime, soit dans les parages
de la Flandre, soit dans la mer du Nord, il faut
avouer que leur droit *d'admission* et *d'exclusion*
(*voyez* note *a*), pivots de ce même domaine, a
été, dans cette occasion, ébranlé jusque dans ses
fondemens (1). Mais il ne convenait point à *Selden*

______

(1) *Voyez* l'histoire de la ligue anséatique, p.

de faire d'aussi fâcheuses réflexions. Il ne lui convenait pas non plus de se rappeler la puissance de la maison d'Autriche, devenue souveraine des Pays-Bas.

(zz) Amener les voiles est un hommage rendu à un vaisseau de guerre, à raison de la dignité de son souverain, et non en raison de son empire maritime; c'est en soi-même une courtoisie et non un devoir : l'usage l'a introduite, et l'usage peut la changer. Du reste, elle n'a lieu que lorsqu'on est dans les eaux du vaisseau de guerre. Pour prouver que la formalité dont il s'agit, non plus que celle de baisser le pavillon, n'a jamais été considérée comme une reconnaissance de l'empire de la mer, il suffit de rappeler la guerre que Cromwell fit aux Hollandais, et le traité de paix qu'il conclut avec eux en 1654. En voici le précis :

Les Hollandais, regardés comme partisans de la famille royale, étaient d'autant plus suspects au long parlement aussi bien qu'à Cromwell, qu'ils fournissaient, sous main, des armes aux royalistes; et comme les plaintes faites à ce sujet furent sans effet, on ordonna de saisir tous les bâtimens hollandais où l'on trouverait des armes et des munitions de guerre. C'est là ce qui conduisit insensiblement les deux pays à une rupture ouverte. Le projet des Anglais était de réunir les deux républiques naissantes sous un même chef, ou de détruire celle des Provinces-Unies, dont on jalousait la richesse et la puissance. La réunion étant rejetée par les Hollandais, les meneurs du long parlement lièrent une négociation avec eux pour le rétablissement de la paix ; et le résultat de cette paix devait être une alliance offensive et défensive. Il s'agissait particulièrement de l'expulsion de Hollande de toutes les personnes de la famille royale et de leurs adhérens, nommément de Guillaume, prince d'Orange, et de Marie, son épouse. Cette négociation fut rompue par les ambassadeurs anglais, à cause des insultes qu'ils venaient de recevoir à La Haye. C'est à la suite de cette rupture que fut rédigé (1651) le fameux acte de navigation, portant que *toutes les marchandises venant, soit d'Asie, soit d'Afrique, soit d'Amérique, ou même d'Europe en Angleterre, en Irlande ou dans leurs domaines, ne pourront être importées que sur des navires anglais.* Les Etats-Généraux se plaignirent, mais inutilement, d'une disposition aussi rigoureuse : et un combat naval inattendu, et qui fut à l'avantage des Anglais, rompit les négociations qu'on avait renouées, et fit hausser le ton au long parlement. Ainsi la guerre fut continuée. Mais enfin, les Hollandais recherchèrent de nouveau la paix, et parmi les conditions que proposa le parlement, fut comprise celle de l'empire de la mer. Voici comment cet article était conçu : « Que les vaisseaux et navires desdites

» Provinces - Unies , soit de guerre ou autres ,
» soit seuls ou formés en escadres , rencontrant
» en mer un vaisseau de guerre anglais ou à son
» service , et portant son pavillon , ameneront
» leur pavillon et la voile de perroquet jusqu'à ce
» qu'ils soient passés , et ils se soumettront aussi
» à être visités , si cela est exigé , et à donner
» toutes autres marques de respect dû à ladite ré-
» publique d'Angleterre, à laquelle appartiennent
» le domaine et la souveraineté des mers britanni-
» ques ». Les ambassadeurs hollandais ne firent,
à ce qu'on prétend, aucune observation sur le
premier point ; mais ils se récrièrent contre les
visites, comme sujettes à beaucoup de désordres
et de confusion ; ils remarquèrent surtout qu'il
n'étoit pas question de la réciprocité ; mais Cromwell persista , et le parlement voulait même que
les Hollandais payassent un droit pour obtenir la
permission de pêcher sur les côtes de l'Angleterre. Le public lui-même trouva toutes ces demandes du parlement exorbitantes , et celui-ci
chercha à se justifier en faisant traduire , en anglais , le *Mare clausum , seu de dominio maris* de
SELDEN. Cette traduction fut publiée par l'ordre
exprès du parlement. Dans sa dédicace, le traduc-
teur exalte la grande influence de la plume sur
l'opinion et sur les événemens publics , et il n'é-
pargne rien pour faire ressortir le grand mérite
de l'ouvrage de *Selden*, quoique dédié à Charles Ier,
qui venait de périr sur l'échafaud.

Mais tandis que le long parlement était occupé des moyens de continuer la guerre et de préparer une paix glorieuse, il fut cassé par Cromwell, qui se fit déclarer *protecteur*; et ce nouveau souverain ne tarda pas à conclure la paix avec les Provinces-Unies. Quoiqu'il en dictât les conditions, et qu'il eût précédemment insisté sur l'article concernant l'empire de la mer, il se contenta de stipuler que la liberté de la navigation et du commerce serait rétablie selon les lois et statuts des républiques respectives, entre les deux nations, qui s'obligèrent réciproquement de défendre leurs vaisseaux dans le cas où ils seraient attaqués par quelqu'autre puissance; mais la supériorité du pavillon fut entièrement accordée à l'Angleterre; et on convint que les vaisseaux de guerre hollandais baisseraient leurs couleurs en toute occasion devant celles de la Grande-Bretagne.

On reprocha à Cromwell de s'être contenté de cette stipulation, parce qu'il avait par-là laissé indécise la souveraineté des mers, comme le droit de pêche; et l'on assure que Munkc regarda la conduite de Cromwell comme une lâche trahison, pour avoir fait subitement la paix, et sacrifié tous les avantages de la guerre, qui auraient pu le conduire plus tranquillement et avec plus de satisfaction sur le trône (1).

Nous avons jugé devoir entrer dans ces détails

---

(1) *Comble*, vie de Munkc, p. 74.

pour faire voir l'opinion de la nation anglaise ; le crédit qu'avait et qu'a probablement encore l'ouvrage de *Selden*, et surtout l'état auquel furent fixées les choses par Cromwell. Il est démontré, par ce que nous avons rapporté, et par les termes du traité de paix, que malgré les prétentions du long parlement, le protecteur, quoiqu'arbitre de la paix, se contenta du vain honneur de la prééminence du pavillon anglais sur celui des Provinces-Unies, et qu'il ne stipula rien qui assurât, ou même indiquât l'empire des mers, pas même de celle dite britannique. Quelle que puisse avoir été la cause de cette conduite, nous sommes autorisés à dire, ou plutôt à répéter que la cérémonie du pavillon n'est point un hommage rendu à la souveraineté des mers, dont *Selden* gratifie les rois de la Grande-Bretagne.

Je crois devoir terminer cet article en rapportant une note de *Barbeyrac* sur *Puffendorf*. Ce dernier auteur : (*Droit de la nat. et des gens*, liv. IV, ch. V, § 8) dit que dans ces derniers siècles la coutume s'est établie que les vaisseaux étrangers, passant devant une forteresse, ou devant un vaisseau de guerre du prince qui s'attribue la propriété de l'endroit de la mer où ils font voile, sont tenus de les saluer, comme pour reconnaître la juridiction de ce prince par l'hommage qu'on lui rend. Voici ce qu'observe à cet égard le commentateur : « M. *Bynhers-* » *hoek* soutient que ce n'est pas toujours un aveu

» de la souveraineté de celui à qui l'on accorde
» cet honneur sur l'endroit de la mer où on le lui
» rend. Par exemple, dit-il, les Etats-Généraux,
» dans les traités de paix de 1654, 1662, 1667,
» 1674, 1684 ont promis de baisser le pavillon
» devant les vaisseaux du roi d'Angleterre, dans
» toute la mer Septentrionale jusqu'au cap de
» Finistère ; mais c'est seulement parce que, selon
» le droit des gens, toute république doit céder le
» premier rang à une tête couronnée et à ceux qui
» la représentent. Au reste, la coutume de saluer
» les vaisseaux de ceux à qui l'on se reconnaît
» inférieur, n'est pas aussi nouvelle que notre au-
» teur l'insinue ».

(*aaa*) Ces deux édits, quels que puissent en avoir
été le but et le sort, prouvent invinciblement que
ni Henri II, ni Henri III ne reconnurent la prétendue suprématie de la Grande - Bretagne ; et
certes, leurs successeurs ne sauraient être soupçonnés d'avoir été plus faibles qu'eux. Je passe sous
silence la conduite que *Selden* attribue au parlement de Paris, parce qu'elle est étrangère à la
question ; elle ne prouve autre chose sinon l'ignorance de ce corps en matière politique, et sa
prétention d'influer sur les opérations du gouvernement.

(*bbb*) Cette remarque est vraiment curieuse. Quoi!
les édits des deux rois de France étaient contraires

aux droits de tous les étrangers, et les prétentions de l'Angleterre ne l'étaient point ! Il ne manquait à *Selden* que de dire que ces prétentions leur sont favorables, c'est-à-dire, qu'il est de l'intérêt de toutes les nations que l'Angleterre soit la maîtresse absolue de la navigation, de la pêche et du commerce. De pareilles assertions pouvaient être utiles pour échauffer les grands hommes qui composaient le parlement d'Angleterre; mais on a vu plus haut qu'elles produisaient peu d'effet sur Cromwell; il en sera toujours de même à l'égard de tout être qui a le sens commun.

(*ccc*) Nous croyons avoir démontré (1) qu'il ne peut exister de prescription de nation à nation ; ainsi nous nous dispensons de réfuter de nouveau ce que *Selden* affirme à cet égard. Mais nous devons observer que dès que cet auteur fonde son domaine sur cette base imaginaire, il est nécessaire que tout son édifice s'écroule.

(*ddd*) Il y a peu de remarques à faire sur cette ordonnance, non plus que sur l'application qu'en fait l'auteur. Je me contenterai seulement de dire qu'il aurait dû faire connaître les nations qui ont obéi à l'ordonnance de Jean Sans-Terre. Serait-ce Philippe-Auguste, qui dépouilla ce prince de la

---

(1) Première Partie.

Normandie et de tous ses autres domaines en France, hormis la Guienne, et qui le fit même citer devant la cour des pairs de France, qui le condamnèrent à mort pour cause du meurtre de son neveu Artus ?

(*eee*) Quoi ! toutes les nations de l'Europe envoyèrent des procureurs à Londres pour y rendre hommage à Edouard Ier, comme souverain maître des mers ! Certes, le fait serait remarquable s'il était exact. Mais si on examine de près la fameuse requête, on se convainc facilement, qu'elle est l'ouvrage d'un homme de loi anglais, et qu'il fait tenir à des étrangers, qui probablement ignoraient l'idiome normand, et dont, selon toutes les apparences, aucun n'était à Londres, le même langage qu'aux prélats, nobles, villes et communes de l'Angleterre. D'ailleurs, peu importait à ces étrangers le style de leur requête, pourvu qu'elle produisît l'effet qu'ils attendaient ; et encore peut-on remarquer qu'elle est adressée aux seigneurs auditeurs députés par les rois d'Angleterre et de France ; que par conséquent on leur reconnaissait un droit égal. Quoi qu'il en soit, c'est une chose vraiment curieuse que l'amalgame qui est dans la requête de plainte, et surtout la conséquence qu'en tire *Selden*. Nous craindrions d'abuser de la patience du lecteur en analysant et la pièce et le commentaire.

(*fff*) Nous avons déjà réfuté ce paradoxe.

(*ggg*) *Voyez* la note *ss*.

(*hhh*) Voilà qui est bien positif ; mais où sont les preuves ? C'est une question que nous sommes souvent dans le cas de faire. Si, pour obtenir justice de quelques déprédations, le comte de Flandre a caressé l'amour-propre d'Edouard II, s'il a reconnu ce prince pour souverain de la mer britannique, il n'en résulte point qu'il l'ait reconnu par-là comme souverain de la mer de Flandre. Et quand même il aurait fait un aveu aussi peu vraisemblable, quel effet pouvait-il produire à l'égard des autres états ? Toute la mer, sauf les eaux qui baignent les côtes, est libre et commune. Ainsi, en supposant que le comte de Flandre ait renoncé, en faveur de l'Angleterre, aux droits que lui donnait cette communauté, il ne pouvait point préjudicier à ceux d'autrui. Ainsi, malgré son prétendu aveu, la mer de Flandre est demeurée libre pour toutes les autres nations de l'Europe. Cette liberté est constatée entr'autres par la navigation et le commerce de la ligue anséatique, non seulement avec les villes de Flandre, mais aussi avec toute la partie maritime des Pays-Bas jusqu'au Texel. Ce commerce donnait nécessairement une étendue et une activité d'autant plus grande à la navigation, que les Anséatiques seuls procuraient aux Flamands les productions des états du Nord, à qui ils fournissaient en échange tous les objets d'industrie qui se trouvaient en abondance, et dans la plus grande perfection, dans les villes de Flandre. Cette navigation se faisait, pour ainsi dire, à la vue de l'Angleterre ; cette puissance n'entreprit point de la troubler, et elle ne l'aurait osé, parce que les Anséatiques étaient la puissance dominante dans les mers du Nord. D'ailleurs, quel motif de jalousie pouvait-elle avoir ? Elle était alors, pour ainsi dire, sans commerce au-dehors, et n'avait chez elle qu'une industrie grossière et insignifiante. Son commerce se fit, durant plusieurs siècles, par les villes anséatiques, qui enlevaient les matières premières que les Anglais n'avaient pas le talent de mettre en œuvre, et fournissaient en échange les productions du Nord. Cet état des choses subsista même sous le règne d'Edouard III. La Flandre fut réunie au duché de Bourgogne, et la puissance du duc s'accrut tellement, qu'elle rivalisa celle de son suzerain. Or, pense-t-on qu'un prince, dans une position pareille, eût consenti à reconnaître l'Angleterre comme souveraine de la mer de Flandre ? Ce qu'il y a de certain, est que *Selden* ne rapporte ni titre ni faits pour le prouver. C'est qu'il est difficile de détruire l'évidence. Nous devons ajouter que la diplomatie nous offre des traités de commerce entre les rois d'Angleterre et les souverains de la Flandre et du Brabant, depuis 1406 jusqu'en 1495. C'étaient des occasions bien favorables pour constater le domaine maritime, même en s'en relâchant. Mais les traités sont muets sur le point important, et *Selden* l'a été également.

(*iii*) Ici la question change ; il ne s'agit plus du domaine sur la pleine mer, il s'agit seulement de savoir si le canal de Saint-Georges, entouré partout de côtes appartenantes au roi d'Angleterre, et renfermant plusieurs îles, fait ou non partie du domaine britannique, ou si la navigation y est libre.

En supposant le commerce interdit aux étrangers avec tous les ports placés sur le canal de Saint-Georges, y compris les Orcades, ceux - ci n'ont aucun intérêt à le fréquenter ; par conséquent les bâtimens marchands qui s'y présenteraient seraient nécessairement soupçonnés d'avoir l'intention de faire des versemens frauduleux. Le gouvernement anglais serait donc autorisé à les arrêter et à les visiter. Il en serait autrement si ce même canal était un passage pour arriver à des contrées indépendantes de la Grande-Bretagne ; car, dans ce cas, ce passage serait libre, et le gouvernement anglais ne pourrait l'interdire sans faire injure aux autres nations. Or, le canal de Saint-Georges ne conduit que dans les mers septentrionales qui entourent le pôle arctique, que les glaces rendent impraticables, et où l'on ne connaît, et même où l'on ne soupçonne pas d'habitations humaines. Ainsi aucun motif plausible ne pourrait autoriser la navigation étrangère par le canal de Saint-Georges, autrement appelé mer d'Irlande.

(*kkk*) L'Angleterre, souveraine de l'Atlantique jusqu'au continent américain ! Le courage manque pour réfuter une pareille prétention, à laquelle on ne trouve pas de nom. Quoi ! un homme qui parcourt une route ou qui erre dans les champs y acquiert un titre de propriété ! Mais raisonnons sérieusement. Gilbert parcourt l'Océan à l'aventure, pour aller découvrir quelques terres lointaines. Le hasard lui fait rencontrer l'île de *Bacalaos* (Terre-Neuve); il prend possession du port de Saint-Jean, et prête hommage à la reine Elisabeth pour toute l'île. En supposant cette manière d'acquérir légitime (question qui n'est point de notre sujet), il est certain que le rivage en a fait partie, parce que là il pourrait y avoir possession réelle et continue avec l'intention de conserver. Mais étendre cette possession et cette intention sur la route que Gilbert a tenue, c'est-à-dire sur l'Océan, c'est une conséquence qui passe ma conception ; aussi ne me permettrai-je point de la réfuter. J'observerai toutefois que les Portugais ont les premiers navigué vers l'Inde par le cap de Bonne-Espérance. Cette route leur appartient donc exclusivement ; il en est de même de celle que suivirent les Espagnols pour arriver d'abord à San-Salvador, l'une des Bermudes, et de là à Hyspaniola. Et pourquoi l'Angleterre ne réclame-t-elle pas les mers parcourues par Drake, le premier des navigateurs à qui l'avarice fit faire le tour du monde ? Ces conséquences sont exactes, ou bien la proposition de *Selden* est essentiellement fausse, et nous sommes de cette dernière opinion.

Au reste, en supposant que l'île de Terre-Neuve avait été bien valablement acquise, les commandans pouvaient exiger un droit des étrangers venant, pour la première fois depuis l'acquisition, exercer la pêche sur les côtes, dans les anses et dans les havres, parce que là les eaux étaient une dépendance du domaine de l'île. Mais leur droit ne pouvait point s'étendre autrement que par la force sur ceux qui étaient dans l'usage de pêcher avant l'arrivée des Anglais, et ils ne le pouvaient point davantage en pleine mer, nommément sur ce qu'on appelle le grand et le petit bancs. Au surplus, le droit de soumettre les pêcheurs étrangers à un tribut ne pouvait point être regardé comme un symbole de l'empire de la mer Occidentale, depuis l'Irlande jusqu'en Amérique.

(*lll*) Le réglement cité par *Selden* prouve (ce

que nous ne contestons pas) le droit de pêcher le long des côtes de l'Ecosse, entre les îles et en dehors, c'est-à-dire, dans leurs eaux. Mais on ne saurait conclure de là que l'Angleterre avait le domaine de la mer Orientale ; car il faudrait prouver que ni les Danois, ni les Norwégiens n'osaient pêcher les harengs dans ces parages sans la permission du roi d'Angleterre. Quant aux Hollandais, une preuve qu'ils ne reconnaissaient point ce prétendu domaine, c'est qu'on fut forcé de transiger avec eux, et de tracer une ligne à quatre-vingts milles [de la côte (ce qui veut dire environ 26 lieues), pour assurer la tranquillité des pêcheurs respectifs ; et cette ligne même, comme l'auteur l'avoue, ne fut point respectée par les Hollandais. Quant à l'état moderne des choses, tout le monde le connaît, car personne n'ignore que les nations vont à la pêche du hareng sans demander de *licence* à la cour de Londres.

(*mmm*) Les conventions sont des contrats ; les nations y stipulent leurs intérêts selon leur bon plaisir ou leur position ; elles s'écartent des principes du droit des gens, ou les adoptent ; et celles qui sacrifient leurs intérêts ne peuvent que s'en prendre à elles-mêmes ; mais leurs conventions particulières ne portent aucune atteinte ni aux principes du droit des gens, ni aux droits des autres mations. Croit-on que si les Français, les Espagnols ou les Russes allaient dans la mer du Nord pour y pêcher les harengs, l'Angleterre leur opposerait valablement la convention faite avec les Bataves sous le règne d'Edouard II ? Au reste , la convention dont il s'agit prouve qu'il y avait eu contestation , c'est-à-dire, que les Hollandais ne respectaient pas le prétendu domaine britannique.

(*nnn*) On ne saurait contester à l'Angleterre le domaine de la mer qui environne les Orcades , Schettland , parce que cette mer est une dépendance des côtes. Mais il ne résulte point de là qu'en acquérant ces îles la Grande-Bretagne a également acquis l'empire de la mer Septentrionale , et nous regardons comme superflues les preuves que nous pourrions alléguer en faveur d'une vérité aussi simple.

(*ooo*) Ce moyen ne serait pas accueilli par les tribunaux. Comment pourrait-il l'être entre nations indépendantes qui ne connaissent point la prescription ?

(*ppp*) Que de propositions erronnées dans ce passage ! elles le sont tellement, que le lecteur pourrait nous soupçonner d'infidélité dans l'extrait que nous donnons de l'original. Ainsi nous l'invitons à le consulter liv. II, ch. XXXII.

L'auteur dit que la compagnie anglaise de Moscovie, ayant la première découvert et occupé la mer Septentrionale, cette mer devint, par la possession intentionnelle et corporelle, la propriété du premier occupant. Mais où est, où peut être cette occupation intentionnelle d'une mer que le hasard fait parcourir à des aventuriers ? Où est leur possession corporelle sur un élément fluide et qui ne peut avoir aucune fixité ? Quoi, un navire entraîné par les vents et les vagues fait des actes possessoires sur ces mêmes vagues ! Et l'Angleterre prétend avoir ainsi acquis et la mer et le Groenland ! Mais ses marchands avaient-ils commission de sa part ? Le Groenland était-il désert, inconnu ? N'avait-il pas encore été fréquenté par des Européens ? Sans toutes ces conditions, les marchands anglais ne pouvaient rien conquérir pour elle ; le Groenland ne pouvait être soumis que par la force, et il ne le fut d'aucune manière. Où donc est le titre des rois d'Angleterre ? Lorsque les Basques faisaient la pêche de la baleine dans ces parages, prenaient-ils une permission de qui que ce fût ? Et aujourd'hui cette pêche n'est-elle pas ouverte à toutes les nations, quoique peu en profitent ?

Pour ce qui est de la déclaration de Jacques Ier faite en Hollande, elle ne réclame pas l'empire de la mer boréale, mais le droit de la pêche sur les côtes de Groenland. Ecoutons *Hume* sur ce

point (Hist. d'Angl. , édit. de Lond. 1789. v. 6.
p. 183). « On pense, dit-il, que le Groenland fut
» découvert vers ce période , et la pêche de la ba-
» leine se fit avec succès; mais l'industrie des Hol-
» landais , malgré toute opposition, priva bientôt
» les Anglais de cette source de richesses. » Ainsi,
malgré la déclaration du roi Jacques, la possession
anglaise n'a jamais été ni exclusive ni paisible ;
et si elle a pu donner l'empire de la mer boréale,
il était au moins partagé avec la Hollande.

Pour achever d'éclaircir cette question , nous
croyons devoir ajouter ici une notice concernant
le Groenland.

Selon *Selden*, cette contrée fut découverte, pour
la première fois , par des marchands anglais de
la compagnie moscovite. Mais à quelle époque
cette compagnie a-t-elle existé? Dans le quinzième
siècle , tout le commerce de la Russie , qui n'avait
encore alors aucun établissement sur la Baltique,
était concentré à Novogorod , et se faisait exclusivement par les villes anséatiques. Le czar Ivan
Basilowicz soumit cette république et en fit fuir le
commerce , auquel les Anglais n'avaient aucune
part. Sous le successeur de ce prince , ceux-ci ,
jaloux de la prospérité des Espagnols et des Portugais , qui jouissaient des trésors des Indes , résolurent de chercher une route vers l'Orient par le
Nord. Trois vaisseaux , sous le commandement
de Hugues Willoughby , partirent en mai 1553,

et leur rendez-vous était dans un havre de la Norwège. Mais une tempête les dispersa, et un seul arriva au rendez-vous ; il paraît que les deux autres furent jetés vers le Groenland, et que ce sont eux qui, dans leur détresse, conquirent cette contrée, ainsi que toute la mer hyperboréenne. Quoi qu'il en soit, le capitaine du premier résolut avec ses compagnons de braver tous les dangers ; il remit en mer, et après quelques semaines il entra dans la mer Blanche et jeta l'ancre dans la baie de Saint-Nicolas, près d'Archangel, découverte, pour la première fois, par les étrangers. C'est à la suite de cet heureux hasard que les Anglais durent leur commerce direct avec la Moscovie, qu'ils obtinrent des priviléges et que se forma la compagnie moscovite.

Comparons maintenant les faits et les dates avec ce que l'histoire du Danemark nous apprend concernant le Groenlande.

Un Norwégien, nommé Eric, Tête-Rouge, partit de l'Irlande, où il s'était réfugié, et aborda en Groenlande en 981 ; c'est lui qui lui donna ce nom. Son fils, Léif, informa de cette découverte Oluf Truggesen, roi de Norwége, et retourna vers son père en l'an 1000. En 1023 la nouvelle colonie devint tributaire du roi de Norwége ; les Groenlandois, révoltés contre le roi Magnus en 1256, furent soumis en 1261. La peste qui affligea le nord en 1348, fit perdre de vue le Groenlande ; le dernier évêque fut nommé en 1406. La colonie Norwégienne existait encore en 1540 ; mais elle fut ensuite totalement oubliée. Quelques temps après, les rois de Danemark firent de nouvelles tentatives pour la découvrir ; mais elles furent d'abord infructueuses. Un Anglais, nommé Frobisher, aborda en 1576, et donna son nom à un endroit impraticable aujourd'hui à cause des glaces. Le roi de Danemark envoya trois vaisseaux en 1605, cinq en 1606, et Munck qui arriva en 1616, nomma le cap *Farewel*. En 1636, fut formée la société de Copenhague ; on envoya des vaisseaux en 1654 et 1670. Peu de temps après le Groenland fut encore oublié ; en y retournant, on trouva toute la partie orientale couverte de glaces : on ne put y pénétrer, ni apprendre le sort des habitans, et on se porta à l'occident qu'on appela le nouveau Groenlande. C'est dans ces parages que s'est établie la pêche de la baleine. Les Hollandais s'en emparèrent ainsi que du commerce avec les sauvages. Un prêtre norwégien appelé Egède, se hasarda de naviguer vers le Groenlande, en 1718 ; il se fixa à la côte occidentale sous le 64e degré de latitude, s'occupa à convertir les naturels du pays, et établit des colonies de Danois. On créa une association sous le nom de compagnie de Groenlande, et le roi de Danemark lui accorda des secours extraordinaires. Mais ils ne prospérèrent pas, et les associés refusant de faire de nouveaux fonds, le roi se chargea lui-même de cette branche de commerce. Il établit une colonie permanente, et un fort pour la défendre ; mais en 1731 il ordonna à tous ses sujets de se retirer, et de détruire les colonies. On fit dans la suite de nouveaux établissemens qui subsistent encore ; et aujourd'hui le commerce de Groenlande se fait par une compagnie danoise. Les Hollandais sont obligés de se tenir à une distance de plusieurs milles. Je dois ajouter qu'outre Frobisher, un Anglais, nommé Jean Davis, découvrit en 1585 le détroit qui porte son nom, et qu'un autre Anglais, nommé Baffin, découvrit le golfe du même nom en 1622.

Ces détails, que j'ai réduits à des dates, n'exigent point un long commentaire ; car ils démontrent avec la dernière évidence, que dès le dixième siècle, les Norwégiens abordèrent en Groenlande ; que par conséquent, si l'on admet le droit de premier occupant, il est en faveur de la Norwége, et que l'Angleterre ne saurait l'invoquer par suite de la découverte faite par la compagnie moscovite, qui n'a pu exister qu'au seizième siècle. Et quand même nous tiendrions compte de la navigation de Davis, de Frobisher, de Baffin, nous ne remonterions pas au-delà de la même époque. Et nous voyons que postérieurement les Danois rétablirent et maintinrent leurs rapports avec le Groenlande, et qu'au temps même où écrivait *Selden*, se forma la société de Copenhague. Je passe sous silence et les établissemens formés par Égède, dans le courant du siècle dernier, et l'état actuel des choses, parce que je dois m'arrêter au moment où il a plu à *Selden* d'adjuger à l'Angleterre le Groenlande, la pêche de la baleine et l'Océan hyperboréen.

DISCOURS

Sur la conduite du Gouvernement de la Grande-Bretagne à l'égard des Nations neutres (1); *trad. de l'Angl.*

IL est malheureux pour la race humaine, que les corps collectifs qui la divisent soient sujets aux mêmes passions et aux mêmes animosités que les individus qui les composent, et qu'ils n'aient pas, comme ceux-ci, un tribunal supérieur visible qui puisse entendre et terminer leurs dissentions : cette institution préviendrait peut-être les appels trop fréquens à l'épée, où les événemens de la guerre décident seuls la contestation, et dont le jugement, quoique contraire à l'agresseur, n'en cause pas moins, dans l'exécution, de grands dommages à la partie offensée. Cependant la prospérité du genre humain exige que ce mal,

---

(1) Ce Discours a été rédigé en 1757, par M. *Jenkinson*, ensuite comte de Liverpool.

nécessaire, soit resserré dans les bornes les plus étroites, et qu'un litige, dont les effets sont si destructeurs, soit abrégé et terminé d'une manière aussi équitable que sa nature peut le comporter. Ainsi, il est du devoir de ceux qui n'ont aucune part à la dispute d'être extrêmement attentifs à leur conduite, afin de ne point rendre la contestation inégale : à l'égard de celui qui y est engagé, la décision dépend de la seule force. Ainsi, ajouter de quelque manière que ce soit à la puissance d'une des parties, est une injustice manifeste à l'égard de l'autre ; et c'est une injure pour le reste du genre humain, puisqu'un pareil procédé tend nécessairement à répandre la discorde parmi les nations, et peut, avec une simple étincelle, allumer un incendie général.

Il y a lieu d'espérer qu'un devoir tel que celui dont il s'agit, fortifié par d'aussi puissans motifs, sera universellement observé, et qu'aucun intérêt privé secondaire ne pourra engager aucune puissance à le transgresser. Si quelques petits bénéfices, objets qui entraînent des individus avides, peuvent résulter de la violation de ce même devoir, la généralité des nations peut-elle recueillir quelque fruit, lorsque la justice publique est blessée ? Agir contre ce principe, dans l'espoir de quelque avantage présent, c'est établir un exemple dangereux qui peut, dans la suite, devenir nuisible à ceux mêmes qui l'auront donné : c'est rompre le seul lien qui unit si heureusement les nations, et bannir la confiance mutuelle de toutes les sociétés politiques du monde.

Telle a été néanmoins la conduite erronée de quelques états neutres durant la présente guerre. La France a souscrit au traité d'Aix-la-Chapelle, afin de pouvoir poursuivre plus sûrement les objets de son ambition, d'étendre et de fortifier sous les apparences de la paix, ses possessions dans les parties du monde où jusqu'à présent ses armes, durant la guerre, ont toujours été sans succès. C'est dans cette vue qu'elle a artificieusement exigé que les droits américains ne fussent point déterminés par ce même traité, et que l'examen en fût renvoyé à des commissaires, aux décisions de qui elle était bien décidée à ne point se soumettre. Le Canada était sa partie vulnérable : aussi sa première résolution fut de le fortifier, et ensuite de recommencer avec plus de confiance la guerre. Tandis que nous étions occupés à débattre nos droits, elle prit des mesures plus efficaces pour terminer la contestation en sa faveur. Elle envoya de fréquens renforts en Amérique ; elle occupa et fortifia les passages et les rivières navigables de cette contrée, expulsa les Anglais de leurs possessions, et construisit des forts sur le domaine de la Grande - Bretagne. Lorsque son projet était ainsi avancé, l'Angleterre le vit avec effroi, et se détermina avec courage à soutenir ses droits, quoiqu'abandonnée dans sa présente détresse par les deux alliés qui étaient redevables de leur indépendance à sa protection ; elle ne craignit point dans une telle cause de résister seule à tous les efforts de la France ; elle mit en mer ses forces navales ; mais l'ennemi en rendit bientôt les tentatives vaines, en se déterminant à ne jamais se mesurer avec elles. De quelle manière devait-elle les employer ? Un seul objet était digne de son attention, c'était de détruire le commerce de l'ennemi, et d'intercepter les secours qu'il envoyait dans ses domaines en Amérique. Sans doute cette mesure ne pouvait point arrêter tout d'un coup le mal ; mais elle devait au moins tarir les sources qui l'alimentaient, et pouvait à la fin engager l'ennemi à consentir à une paix raisonnable (1).

La France tâcha encore d'obvier à ce coup par sa politique ; elle supprima la taxe de cinquante sous par tonneau, qu'elle avait toujours coutume de mettre sur le cabotage étranger ; elle ouvrit même ses ports d'Amérique, et admit d'autres pays à cette partie favorite de son commerce, que dans d'autres

---

(1) Il convenait sans doute à l'avocat en titre du gouvernement britannique de tracer ce tableau des motifs et des événemens de la guerre de 1755. Mais aujourd'hui les faits sont trop connus pour que la cour de Londres puisse être absoute, et pour qu'on attribue à Louis XV une ambition démentie par tout le cours de son règne. En résumant les faits, voici ce qu'ils nous présentent. La cour de Londres cherchait à étendre les limites incertaines de l'Acadie ou Nouvelle-Écosse en empiétant sur celles du Canada. De là les voies de fait au sujet de quelques postes entre des détachemens français et anglais ; et c'est dans cette occasion que fut assassiné M. de Jumonville. La cour de Londres prit prétexte de là pour provoquer la guerre qu'elle avait méditée. Tandis qu'on était encore en pleine paix en Europe, elle fit enlever les

temps elle s'était réservée si soigneusement par ses réglemens maritimes (1). Les nations neutres profitèrent promptement de cet avantage, et ouvrirent à l'ennemi de nouveaux canaux pour se procurer les richesses qui alimentent et prolongent la guerre. C'est ainsi que, sous la bannière de l'amitié, elles servaient la cause de l'adversaire, dont la richesse, assurée par cette protection, aurait traversé nos flottes avec sûreté et sans être molestée, si la Grande-Bretagne, ranimant

---

matelots français occupés à la pêche de Terre-Neuve, et plusieurs bâtimens de guerre et de commerce. Son but était d'affaiblir par ce coup de main la marine française, et elle y réussit. Qu'on apprécie d'après cela l'effrayant tableau que fait M. *Jenkinson* des vues ambitieuses de Louis XV, ainsi que des dangers imminens auxquels elles exposaient l'existence de la Grande-Bretagne; il fallait de grands mots pour faire prendre le change sur la conduite de la cour de Londres, pour colorer ses procédés arbitraires sous les apparences de la plus impérieuse nécessité; il fallait en un mot justifier l'auteur de la guerre de 1755.

(1) La France a-t-elle par-là violé le droit des gens, les lois de la guerre? Ce point est un des principaux objets du discours de M. *Jenkinson*. Nous examinons la question au chap. XXII.

de nouveau son courage, n'eût jugé ne devoir point souffrir que par ce moyen on rendît sa puissance navale inutile : elle ordonna la saisie de la propriété de l'ennemi trouvée à bord des vaisseaux neutres. Cependant on sait très-bien que sa conduite à cet égard n'a pas été généralement approuvée, et que quelques nations neutres pensent avoir le droit de conduire dans leurs bâtimens, sans être inquiétés, la propriété de nos adversaires. Comme je diffère avec elles de sentiment à cet égard, ce point sera l'objet de mon discours.

Des gouvernemens puissans et sages ont toujours été jaloux de la gloire nationale ; c'est un principe actif qui, bien cultivé, produit des actions vertueuses de la part de tous les membres de l'état (1). Il est donc du devoir de quiconque aime sa patrie, de la conserver dans toute sa pureté. D'après cela, peut-on s'étonner que les indigènes d'un royaume, dans tous les temps célèbre par son esprit public et sa bonne foi, s'intéressent à sa défense dans un moment où

------

(1) Principe vrai en lui-même ; mais exagéré il est nuisible. Cela est surtout vrai à l'égard des rapports de nation à nation.

on les révoque en doute ? Nous n'avance-
rons aucune inculpation indécente contre
d'autres pays : nous avons seulement l'intention de venger l'honneur du nôtre. Il est à
regretter que la nécessité des affaires ait,
dans de pareilles conjonctures, donné occasion à cette dispute, particulièrement avec
cet ancien allié de la Grande-Bretagne (1),
qui a si souvent combattu avec elle sous
la même bannière pour soutenir les justes
droits et les priviléges du genre-humain.
Jamais une plume anglaise ne désapprou-
vera le zèle d'aucun gouvernement pour l'encouragement de l'industrie de ses sujets ; le
principe est noble et mérite même nos ap-
plaudissemens : mon unique but est de faire
voir que l'objet actuel de ce zèle n'est point
juste.

Dans cette vue, j'examinerai le droit que
les puissances neutres réclament à cet égard,
en premier lieu, selon le droit des gens,
c'est-à-dire, selon les principes de la loi naturelle relatifs à la conduite des nations, tels
qu'ils sont approuvés par les plus habiles
écrivains, et pratiqués par les états les plus

---

(1) La Hollande.

éclairés. Ensuite je considérerai les altérations faites à ce droit par les traités qui ont
été ajoutés à la loi des nations, et que des
états, *dans la vue de leur avantage mutuel,
ont établis entr'eux.*

Le droit de protection doit avoir son fondement dans quelque loi ; et, considéré relativement à quelque cas particulier, il doit
être fondé sur la loi par laquelle les intérêts
des parties sont généralement déterminés, et
qui a force obligatoire dans le cas où le droit
de protection est réclamé. Ainsi, dans le cas
présent, si les nations neutres ont quelque
droit de protéger la propriété de l'ennemi,
il doit résulter des lois qui renferment la
règle de conduite établie parmi les nations,
particulièrement sur l'élément où il est supposé que ce droit doit être exercé. Aucune
institution civile ou municipale, et encore
moins les priviléges qui en émanent, ne peuvent ici avoir lieu ; elles n'ont de force que
sous la domination de ceux qui en ont agréé
l'établissement. Ainsi, la question est la suivante : Jusqu'où, selon le droit des gens,
s'étend le droit de protection. Pour répondre
clairement, nous devons observer que les
gouvernemens ne peuvent avoir succédé à

d'autres droits que ceux dont leurs membres respectifs jouissaient dans l'état d'individualité ; et qu'actuellement une nation est à l'égard de l'autre, comme si elle était dans l'état de nature, c'est-à-dire, dans la même condition dans laquelle était un homme à l'égard d'un autre homme, avant qu'ils entrassent en société. Ainsi, le droit de protection, dont peuvent avoir joui les individus dans cette situation, est le même que celui que le gouvernement peut réclamer à présent. Par conséquent un individu dans l'état de nature aurait eu le droit incontestable de protéger sa propre personne et sa propriété contre toute attaque. Mais si je suis en contestation avec un autre, auroit-il le droit de le protéger contre moi ? Certainement non, puisqu'il me priverait par-là d'un droit que la loi de nature, pour ma propre sûreté, me donne dans ce cas de saisir la propriété de mon ennemi, et de détruire sa personne ; s'il juge ma conduite manifestement injurieuse au point de provoquer le ressentiment général, il devient par-là lui-même mon ennemi : mais aussi long-temps qu'il se dit neutre, agir de cette manière contre moi, ne serait pas moins absurde qu'injuste (1). Tel est, et rien de plus, le droit de protection dont jouissent les gouvernemens à présent dans les lieux où ne s'étend pas leur domination : ils n'ont succédé qu'aux droits de leurs membres respectifs ; par conséquent celui de protection n'en peut point comprendre d'autres (2).

---

(1) La réfutation de ce paralogisme est facile. Vous pouvez poursuivre la personne et (peut-être) la propriété de votre ennemi chez lui ; mais votre droit de poursuite cesse dans un lieu tiers. Vous ne pouvez donc point le poursuivre ni sa propriété, tandis que l'un et l'autre se trouvent chez moi étranger à la querelle, et qui suis indépendant de votre autorité ; et si hors de chez moi je suis nanti des effets de votre ennemi, pensez-vous avoir le droit de m'arrêter, de me fouiller, de me détrousser ? Les voies de fait videraient la querelle, au lieu d'un ennemi vous en auriez deux ; et de proche en proche vous vous attireriez l'inimitié de tout le canton, parce que vous auriez violé en une personne la sûreté de tous. *Voyez* ch. XXII.

(2) Le principe est positif, mais la conséquence est fausse. Dans l'état de nature les hommes sont indépendans les uns des autres. Tout ce qui porte la plus légère atteinte à l'indépendance, est un délit contre la loi naturelle : voilà la conséquence ; et dans l'ordre social, toutes les actions de nation à nation doivent y être rapportées ; c'est là le principe fondamental du droit des gens.

Mais, demandera-t-on, d'où résulte donc le droit dont les gouvernemens jouissent toujours, de protéger la propriété de l'ennemi en dedans des limites de leur propre pays? C'est une conséquence du droit de domination; ainsi, à moins que celle-ci ne s'étende sur l'océan, le droit de protection ne saurait y avoir lieu. La domination donne le droit de faire des lois, d'établir de nouvelles juridictions, et d'obliger tous ceux qui sont en dedans du ressort de leur pouvoir (soit leurs propres sujets, soit ceux d'autres pays), de s'y soumettre; ainsi, ici le droit que donne la loi des nations est suspendu, et tout procédé fondé sur cette loi serait injuste : mais dès que vous êtes hors des limites de cette juridiction particulière, ses lois et les priviléges qui en émanent cessent entièrement, et les lois générales des nations reprennent aussitôt toute leur force. Ici la propriété même d'un allié n'a d'autre protection que celle que ces mêmes lois (1) lui accordent. Ainsi, étant jointe aux effets

______

(1) En quoi consistent ces lois ? Il en est une dont toutes les autres ne sont que des corollaires : c'est l'indépendance réciproque. Si sur l'océan je suis hors

d'un ennemi, elle ne peut point communi-
quer à ceux - ci sa protection, puisque la
même loi qui donne la sûreté aux premiers,
vous autorise à saisir et à détruire ces derniers. Ces raisonnemens sont fortifiés par un
fait commun. En dedans des limites du domaine d'un gouvernement, vous n'avez pas
la liberté de chercher les vaisseaux d'aucun
pays ; mais cette liberté n'est-elle pas exer-
cée universellement et depuis un temps immémorial, à l'égard de tous, en pleine mer ?
Et pourquoi cette recherche est-elle faite,
si ce n'est parce qu'ici, selon le droit des
gens, tous sont (1) responsables de ce qu'ils
peuvent conduire ?

---

de ma domination, me trouvé-je dans la vôtre ? Partout où nous sommes placés sur cet élément, nous
demeurons indépendans l'un de l'autre. Notre navire,
notre esquif est notre manoir : vous ne pouvez pas
plus m'y fouiller que vous ne le pourriez sur la terre
ferme, quand même elle serait commune.

(1) Il y a dans ces phrases deux erreurs.

1° La visite pratiquée en pleine mer est un fait ;
mais il ne constitue point le droit : d'un autre côté, le
droit de visite en pleine mer, introduit par la coutume,
est conditionnel, et M. *Jenkinson* le présente comme
indéfini. Selon le droit coutumier (qui lui-même est

Il y a quelque chose d'analogue à ce qui vient d'être dit dans la plupart des gouvernemens civils. Il est peu de pays où il n'y ait quelques endroits qui jouissent du droit de protection contre les lois générales de l'état, tels que des palais, des maisons religieuses, etc. ; et ce droit résulte générale-

---

un abus), il faut pour visiter un navire en pleine mer, la preuve ou au moins un violent soupçon de fraude : toute visite faite sans une de ces conditions est un acte arbitraire, un délit.

2° La responsabilité de ce qu'on conduit suppose une autorité, une juridiction ; or, les états belligérans n'ont ni l'un ni l'autre en pleine mer. Moi neutre, je ne suis responsable envers vous que des faits contraires à la neutralité, parce qu'alors j'exerce un acte hostile. Je suis dans ce cas, si je fournis à votre ennemi des secours ou des armes ; mais il faut des preuves de ces faits : des soupçons vagues et votre intérêt ne sauraient en tenir lieu, et encore moins vous autoriser à en chercher chez moi-même en exerçant le droit de recherche, c'est-à-dire en fouillant mon navire. Ceci explique le genre de responsabilité établi par l'auteur. Le droit de propre conservation en est la seule mesure ; et la coutume qui a introduit les visites, a ce même principe pour fondement ; tout ce qui l'outre-passe est un excès, un abus, une violation du droit des gens.

ment de quelque prétention à une juridiction exclusive : ainsi, tant qu'une propriété particulière est dans leurs limites, quoiqu'elle puisse être l'objet de la loi, elle n'est point sujette à son pouvoir. Mais, supposé qu'elle soit conduite de là dans les chemins publics, au-delà de l'enceinte du palais, du couvent, la protection dont elle jouissait cesse tout-à-coup, et les lois générales de la communauté reprennent toute leur force. Ainsi la protection que les gouvernemens peuvent donner en dedans de leurs domaines, ne s'étend point sur la mer ; l'océan est la route commune de l'univers, dont la loi est le droit des gens ; et tout ce qui se passe sur cet élément y est assujetti sans aucun privilége, ni exemption (1).

____

(1) Le droit de protection, d'asile, d'immunité accordé à un palais, à une maison religieuse est nécessairement fondé sur la loi civile ; il est une exception à la loi générale qui soumet à la juridiction locale tout ce qui est dans son enceinte. Au sortir du lieu privilégié on rentre dans cette juridiction, c'est-à-dire, qu'on est de nouveau soumis au droit commun. Cette courte remarque suffit pour prouver le peu d'analogie qu'il y a entre le droit d'asile, et celui qui résulte du droit des gens, en tant qu'il concerne

Si cette manière de raisonner n'établit pas clairement ma thèse, je puis en appeler, pour la soutenir, aux plus habiles publicistes, qui ont unanimement décidé la question en ma faveur.

Et, en premier lieu, je vais produire le témoignage du savant né à Delft, qui écrivit

---

la pleine mer. M. *Jenkinson* convient que cet élément est soumis au droit des gens ; or, quel est le principe primordial de ce droit ? C'est l'indépendance ; donc cette indépendance existe sur l'océan : or, si je suis indépendant de vous, vous n'aurez pas plus de droit à exercer sur moi, que je ne prétends, moi, en exercer sur vous. Si je suis votre ennemi, vous pouvez m'attaquer sur mer comme vous m'attaqueriez dans mes foyers. En temps de paix, mon foyer sur mer c'est mon vaisseau ; et comme je me trouve hors de votre juridiction, vous n'avez aucun droit d'y pénétrer, parce que l'usage de la mer m'appartient aussi bien qu'à vous ; et je protège naturellement tout ce qui est à mon bord, puisque vous n'avez point le droit de vous y présenter: Si, comme le dit très-bien M. *Jenkinson*, l'océan est la route commune de l'Univers, vous exercerez un acte de brigandage en m'arrêtant, me fouillant, me vexant sur cette route. Ne vous ferait-on pas le même reproche si vous arrêtiez un voyageur, un voiturier sur un grand chemin qui ne serait pas dans votre juridiction ?

si noblement sur la liberté de la navigation, pour servir son ingrate patrie.

Dans un des passages qui sont sous mes yeux, il est remarquable combien il s'efforce de donner la plus grande extension aux droits du commerce ; et cependant, malgré sa louable propension pour son point favori, il paraît clairement être dans l'opinion que le vaisseau d'une nation neutre ne peut point protéger la propriété d'un ennemi (1); il convient même qu'une telle propriété trouvée à bord d'un navire, fournit une forte présomption qu'il appartient également à

---

(1) Si le raisonnement de M. *Jenkinson* est fondé en principes, il n'a pas besoin de l'autorité des écrivains; s'il est faux, les écrivains ne peuvent point le rectifier. Des principes positifs et une logique exacte, voilà ce qu'il faut pour établir une doctrine. Quant aux systèmes, le droit des gens ne les admet point; ils sont du ressort de la politique. Au reste, je discute cette question dans le chapitre XXII, et je crois y avoir prouvé qu'en pleine mer un état belligérant n'a aucun droit sur le neutre, et que l'usage relatif aux armes et aux munitions de guerre n'est qu'une exception au droit commun. Au reste, je n'hésite pas de dire que l'opinion de *Grotius* n'est pas conséquente à sa doctrine concernant la liberté de la mer.

l'ennemi, et qu'il peut être condamné sur ce fondement, à moins qu'on ne produise des preuves évidentes du contraire ; et il ajoute ensuite : « Sans cela, les choses seules » peuvent être saisies (1) ». Et parlant encore dans un autre endroit sur ce point, il dit que, dans le cas où le dommage que m'a causé mon ennemi, est manifestement injuste, et que quelqu'un, en lui fournissant du secours, l'encouragerait dans son inimitié contre moi : « celui-ci serait tenu du » dommage non seulement civilement, mais » aussi criminellement, comme *celui* qui » arracherait au juge qui menace, un cou- » pable manifeste (2) ; » expression fine et animée qui montre combien était claire l'opinion de ce grand écrivain sur cette question (3).

Au témoignage de *Grotius,* j'ajouterai ce-

---

(1) *Alioqui res ipsæ solæ in prædam veniunt.*

(2) *Jam non tam civiliter tenebitur de damno, sed et criminaliter, ut is judici imminenti reum manifestum eximit.*

(3) *Grotius* parle ici de secours donnés à l'ennemi, et non du transport d'effets innocens ; ainsi le zèle de cet écrivain est appliqué à faux.

lui de *Bynkershoek*, également né en Hollande, et dont les sentimens sur la jurisprudence maritime sont souvent préférés par *Barbeyrac* à ceux du premier ; et ce qui, dans ces temps, donne une grande importance à son opinion, c'est qu'il écrivit pour l'usage des cours et des états des Provinces-Unies, et qu'il confirme généralement ce qu'il avance, par leurs jugemens et leurs résolutions. Il parle expressément en faveur de mon opinion : « En consultant la raison, » dit-il, je ne vois pas pourquoi il ne serait » pas permis de se saisir des choses hostiles, » quoique trouvées sur un navire ami ; car » je prends ce qui est à l'ennemi, et ce qui » cède au vainqueur par le droit de la » guerre (1). » Ensuite il dit, à l'appui de son opinion, que c'est chose légale d'arrêter sur l'océan tout navire, quoiqu'il porte les couleurs d'une nation neutre, et d'examiner, d'après ses papiers, à qui il appartient réellement ; et, dans le cas où il apparaîtrait être

____

(1) *Ratione consultâ non sum qui videam cur non liceret capere res hostiles, quamvis in navi amica repertas ; id enim capio quod hostium est, quodque jure belli victori cedit.*

la propriété d'un ennemi, de le saisir comme prise légale (1) ; de même il ne peut voir aucune raison pourquoi cette règle ne serait pas étendue aux effets qu'un navire peut avoir à bord ; et si les marchandises d'un ennemi y étaient cachées, pourquoi, selon les lois de la guerre, elles ne pourraient pas être prises et condamnées ; il déclare même que, selon son opinion, le propriétaire du bâtiment neutre devroit, dans un pareil cas, perdre le prix du fret : sévérité que les cours d'amirauté en Angleterre ne pratiquent jamais, à moins que quelques circonstances particulières ne l'exigent (2).

A ces opinions j'ajouterai enfin celle d'*Albericus Gentilis,* estimé l'écrivain le plus habile sur la jurisprudence nationale, puisque *Grotius* lui-même lui cède la palme ; et sa réputation était si grande, que le roi d'Espagne, Philippe III, le nomma son avocat perpétuel pour ses sujets dans toutes les

---

(1) Ce principe n'est pas contesté. L'exhibition des lettres de mer est nécessaire pour constater que le navire n'est ni ennemi, ni forban.

(2) Je discute l'opinion de *Bynkershoek* dans le ch. XXII.

causes qu'ils étaient dans le cas de poursuivre pardevant les cours d'Angleterre. Cet auteur explique le cas où des Toscans avaient
enlevé les effets des Turcs, alors leurs ennemis, trouvés à bord de quelques navires
anglais ; et il prononce que les effets turcs
étaient une prise légale, mais que le capteur
devait payer le fret aux Anglais : *Tran-
seunt res*, dit-il, *cum sua causa, victor
succedit in locum victi, tenetur Etruscus
pro toto naulo.* La propriété de l'ennemi
passe au capteur ; les effets lui appartiennent justement ; mais il doit payer au
noliseur tout ce que lui aurait payé l'ennemi, aux droits duquel il a succédé à tous
égards (1).

Il serait aussi fastidieux qu'inutile de rapporter particulièrement les sentimens d'autres écrivains sur cette matière : il suffira de
faire mention des noms de ceux qui sont
favorables à la question. Parmi ceux-ci je
trouve *Henneceius*, non moins célèbre par
sa connaissance des lois, que par celle des

---

(1) *Albericus Gentilis*, auteur anglais, est un des
oracles de *Selden*, avocat du domaine privé de la
mer. (*Voyez* première Partie.)

antiquités des gouvernemens, qui sont les meilleurs commentaires des lois; *Zouch*, qui présida, il y a quelques années, les cours d'amirauté en Angleterre ; *Voet*, *Zuarius*, *Loccenius*, tous écrivains renommés, et aux opinions de qui se rapportent universellement tous ceux qui traitent de la jurisprudence publique (1).

---

(1) Cela s'appelle *jurare in verba magistri*. Il faut bien des conditions pour qu'un auteur devienne autorité, surtout lorsqu'il s'agit des droits des nations. Il n'y a en pareille matière qu'un seul moyen d'établir la confiance, c'est de poser des principes résultans de la nature même des choses, parce qu'alors seulement ils sont incontestables, sauf la contradiction des faiseurs de systêmes. A entendre tous les auteurs cités par M. *Jenkinson* et nombre de leurs sectateurs, tout est subordonné aux lois de la guerre. On aura raison quand on aura prouvé que le droit de la guerre est le fondement primordial de la loi des nations, et que tout lui est subordonné. Ceci bien prouvé, le reste va de soi-même, et toute dissertation deviendrait superflue. En attendant cette preuve, il est permis de penser que la guerre est un malheur, qu'elle est souvent le produit des passions de l'homme, et non un principe constitutif de sa nature, à moins que nous ne disions avec *Hobbès*, que Dieu a créé l'homme méchant. Il est vrai que par-là tout

J'aurais pu omettre entièrement les sentimens de tant de savans, puisque nous trouverons que de grandes sociétés elles-mêmes
ont confirmé notre opinion, tant par leurs
lois que par leur pratique. Il ne faut point,
dans cette occasion, regarder trop en ar-
rière dans les premières annales des états
européens. Tandis que leurs gouvernemens
étaient encore dans leur enfance, les avantages du commerce étaient peu compris,
et en général ses droits n'étaient pas suffisamment considérés ; alors la guerre n'était
que trop la saison de la rapine, et ceux qui
l'entreprenaient songeaient moins à conquérir
qu'à piller. Cependant, dès qu'un meilleur
ordre commença à s'introduire dans les affaires, l'usage des déclarations s'introduisit ;
chaque partie, au commencement de la
guerre, en publia une par laquelle elle spé-
cifiait l'espèce de commerce qu'elle permettrait (1) aux nations neutres avec son en-

---

s'explique, si ce n'est la sociabilité, la justice et la
charité. Je passe sous silence le but et l'avantage de
la perfectibilité dont nous sommes si vains.

(1) Ce mot est heureusement choisi pour énoncer
l'empire des mers.

nemi ; et ces réglemens étaient suivis quelquefois, et quelquefois non, selon que l'intérêt du neutre le portait à se soumettre à la restriction, ou que la puissance de l'état belligérant le mettait en état d'en effectuer l'exécution (1). Il est vrai que les prohibitions contenues dans ces déclarations étaient différentes, selon les sentimens des gouvernemens qui les faisaient ; et, à cet égard, elles sont peut-être un fondement trop peu solide pour pouvoir servir à établir un droit. Nous pouvons cependant en déduire une puissante induction en notre faveur, tandis que, dans toute cette variété, on ne peut point en trouver une seule qu'on ait jamais permis aux nations neutres de protéger la propriété de l'ennemi : il y a un accord unanime en faveur de la prohibition du transport (2).

---

(1) Voilà la vérité toute pure : le neutre pliait ou résistait selon ses moyens, et l'état belligérant en usait de même ; ainsi tout était arbitraire, et dépendait de la seule force. *Voyez* au sujet des déclarations le ch. XV.

(2) On peut admettre tous les faits quels qu'ils soient ; mais il s'agit de les faire remonter à un principe pro-

Les états libres de l'Italie cultivèrent les premiers les intérêts du commerce. Avant qu'aucun vaisseau eût passé le cap de Bonne-Espérance, et qu'on eût trouvé un passage plus court pour les Indes orientales, Venise et Gênes faisaient le principal commerce du monde, et répandaient les manufactures d'Asie dans les différentes parties de l'Europe. Il s'ensuivit naturellement de là que, ces deux républiques commerçantes entendirent et définirent plutôt les justes droits de la navigation (1). Leurs constitutions mariti-

-----

pre à les caractériser, et non en présenter la conséquence comme un principe, à l'exemple de M. *Jenkinson*. Selon lui on a plus ou moins empêché de transport des effets ennemis ; donc il est de principe que ce transport est défendu : telle est la logique de la prépotence ou de l'intérêt personnel, mais ce n'est point celle de la raison.

(1) Voilà encore un paralogisme. Venise et Gênes avaient pour tout code leur intérêt exclusif, et aucun souverain d'Italie n'était en état de leur résister. C'est probablement sur ce principe qu'a été rédigé le *Consolato del mare*, dont on ne connaît ni l'auteur, ni l'origine ; d'ailleurs cette compilation n'était qu'un réglement particulier, ou une collection de jugemens, et nullement un code rédigé et adopté par toutes les

mes sont encore rassemblées dans le *Consolato del mare;* et leur réputation était telle
que, de même que les lois de Rhodes étaient
autrefois celles des Romains, comme celles
d'Oléron l'étaient pour les parties occidentales de l'Europe, de même ces lois italiennes
devinrent universellement exécutoires à l'é-
gard de toutes les nations qui bordent la
mer Méditerranée. Ces mêmes lois pronon-
cent entièrement en notre faveur. Dans l'une
d'elles il était dit : *Se la nave o navilio che
pigliato sarà, fusse di amici, e le mer-
cantie che lui porterà, saranno d'inimici,
lo armiraglio della nave o del navilio
armato, puo forzar et constringere quel
patrone di quella nave o di quel navilio,
che lui piglato haverà, che lui conquella
sua nave gli debba portare quello che di
suo i inimici sara.* — « Si le vaisseau ou
» navire qui sera pris appartient à un ami,
» et si les marchandises qu'il porte appar-

---

nations commerçantes. Ainsi nous pouvons regarder
comme très-insignifiantes toutes les applications que
l'auteur fait et des lois de Rhodes et du Consulat,
et du réglement d'Oléron. Tout cela est, relativement
à notre siècle, *res inter alios acta.*

» tiennent à l'ennemi, le capitaine du vais-
» seau armé peut obliger ou contraindre le
» patron du bâtiment qu'il a pris, de lui con-
» duire avec son bâtiment ce qui sera à ses
» ennemis ». Et il est ajouté ensuite que le
maître du navire doit être payé du fret des
marchandises ennemies (1). Telles étaient les
dispositions des lois de Venise et de Gênes,
et la pratique des gouvernemens y était toujours conforme. Leurs historiens nous apprennent que, durant la guerre entre les Vé-
nitiens et les Génois, les vaisseaux des Grecs
qui étaient neutres, étaient toujours soumis
au droit de recherche, et que les ennemis
qui y étaient cachés étaient enlevés et faits
prisonniers (2).

---

(1) Cette disposition est contradictoire avec le prétendu principe : si le transport des effets ennemis est
défendu, la transgression de la défense est une fraude,
par conséquent un délit. Ainsi le patron neutre doit
être puni au moins par la perte du fret, qui est son
bénéfice.

(2) Ceci se pratique encore aujourd'hui par une
suite du droit indéfini de visite; mais enfin un guerrier
ne saurait être mis en parallèle avec une marchandise
innocente.

Il n'est point nécessaire de donner un plus ample détail de la conduite de chaque nation à cet égard ; ainsi, je me bornerai à celles qui sont le plus intéressées dans la dispute présente, et je ferai voir que l'Angleterre ne réclame aujourd'hui rien au-delà de ce dont elle a toujours joui, et que la France et la Hollande ont constamment soutenu selon que leur intérêt l'exigeait (1).

C'est sous le règne d'Edouard Ier, prince qui connaissait parfaitement les droits de sa couronne, et qui avait un égal courage à les soutenir, et de Philippe-le-Bel, roi de France, engagé dans une guerre avec le duc de Bourgogne, que l'amiral de France saisit les vaisseaux de plusieurs nations neutres qui traversaient le canal britannique pour se rendre dans les ports de Flandre. On fit de grandes plaintes à ce sujet, et on nomma des commissaires pour examiner la conduite de l'amiral : il fut présenté une requête contre

____

(1) Voilà la véritable solution du problême : l'intérêt personnel ; c'est là le droit des gen de M. *Jenkinson*, ou pour mieux dire du gouvernement anglais ; c'est là ce qu'on présente comme des principes.

lui par la plupart des nations commerçantes
de l'Europe. Les registres à cet égard existent
encore, et si alors les nations neutres eussent
prétendu jouir du droit de protéger la propriété de l'ennemi, et que les effets qu'ils
avaient à bord de leurs navires, ne pouvaient
dans aucun cas, sauf celui de contrebande,
devenir une prise légale, nous pouvons bien
nous attendre que ce droit aurait été dans
cette occasion réclamé et soutenu : la crainte
ne l'aurait pas empêché, car toute la terre,
à l'exception de la France, était du même
côté de la question ; mais les registres ne contiennent aucune réclamation de ce genre : les
parties lésées demandèrent justice d'après un
autre principe différent, c'est-à-dire, parce que
les bâtimens avaient été pris dans les mers « où
» le roi d'Angleterre (dit le registre) depuis
» un temps immémorial était en possession
» paisible de la seigneurie souveraine, avec
» pouvoir de faire des lois, d'interdire l'usage
» des armes, de donner protection selon
» l'exigence des cas, et d'ordonner toute
» chose nécessaire pour le maintien de la
» paix, de la justice et de l'équité parmi tous,
» soit étrangers, soit natifs, qui naviguent
» sur ces mers. » Ainsi, ici le droit de pro-

tection est établi sur la seule base sur laquelle il peut proprement être fondé, savoir, le droit de domination ; il ne fut question d'aucune autre prétention, et s'il m'est permis de résumer toute cette affaire d'après les noms insérés dans le registre, savoir : Gênes, la Catalogne, l'Espagne, l'Allemagne, la Zélande, la Hollande, la Frise, le Danemarck, la Norwège, et *plusours aultres lieux del Empier*. Tous se réunirent en soutenant les principes sur lesquels j'ai établi mon argument (1).

____

(1) Ce fait a été recueilli dans le fameux *Mare clausum* de *Selden*. Cet auteur rapporte dans un grand détail les plaintes portées contre *Regnier Raimbault* (c'est le nom de l'amiral français), et elles lui fournissent un de ses principaux argumens pour prouver le domaine exclusif de la Grande-Bretagne sur toute la mer britannique ou canal jusque sur les côtes de Flandre, de Picardie, etc. Or les parties intervenantes ont réclamé la restitution de leurs navires et de leurs effets pour avoir été enlevés dans les eaux de la Grande-Bretagne alors en paix ; elles n'avaient donc pas besoin, pour le soutien de leur cause, d'invoquer la liberté de transporter des effets ennemis. D'ailleurs, les rédacteurs de leur pétition ne s'y seraient probablement pas prêtés, parce que c'étaient des avocats anglais. Je borne là mes observations sur la citation de M. *Jenkinson* ; si je voulais analyser le fait même,

Les annales d'Edouard III, rapportent encore d'autres faits en faveur de mon opinion.
A ses qualités militaires ce prince joignait
une grande sagacité dans la science des lois,
et une attention peu commune aux intérêts
commerciaux du royaume. Dans la seconde
année de son règne, il confirma la chartre des
priviléges que quelques-uns de ses prédécesseurs avaient concédés à des marchands étrangers, et particulièrement à ceux de la Hanse
teutonique, qui alors étaient les plus grands
frèteurs des contrées occidentales de l'Europe.
Cet instrument peut être considéré comme
une espèce d'ordonnance maritime d'après
laquelle l'Angleterre entendait régler sa conduite en temps de guerre dans des affaires
de cette nature. La liberté de la navigation
y est pleinement confirmée; il est permis aux
marchands étrangers de conduire leurs marchandises achetées dans le royaume ou au
dehors, « *quocumque voluerint ;* mais avec
cette exception : *præterquam ad terras no-*

---

je dirais que des commissaires de Philippe-le-Bel ont
assisté à l'examen de la contestation, que par conséquent le domaine britannique n'a pas été alors reconnu
par la France.

toriorum et manifestorum hostium regni nostri; et comme il se commit quelques infractions à cette chartre dans les guerres subséquentes, on la renouvela de la même manière dans la sixième année du règne d'Édouard; et dans les deux occasions on établit l'exception expresse qu'aucun commerce quelconque ne serait permis avec l'ennemi (1) : mais ce bon roi, peut-être par un principe de justice et son ardent amour pour le commerce, semble avoir exercé ce droit avec plus de modération, c'est-à-dire, de la même manière que le gouvernement anglais le reclame aujourd'hui; car dans ses guerres avec l'Ecosse, quelques vaisseaux du grand Yarmouth ayant pris plusieurs navires appartenant aux bourgeois de la ville de Bruges, *prœtendentes bona in iisdem existentia fuisse hominum de Scotia;* il ordonna au Shériff de Norfolk, de mettre en liberté , et de faire restituer les vaisseaux et les marchandises appartenantes aux marchands de Bruges , et de ne retenir que la partie des cargaisons qui était la propriété des Ecossais ses ennemis. Nous trouvons également que

____

(1) Cet acte de prépotence est étranger à la question.

la reine Elisabeth , étant en guerre avec l'Espagne , fit saisir plusieurs vaisseaux des villes
anséatiques qui entraient dans le port de
Lisbonne. Parmi d'autres argumens , cette
princesse invoqua au soutien de sa conduite ,
la chartre mentionnée plus haut; elle était si
persuadée de son droit , que les menaces de
l'Empire Germanique et d'autres puissances
ne purent la déterminer à l'abandonner ; et
quoiqu'elle ait peut-être donné dans cette
occasion une trop grande extension à son
droit, cependant il est à remarquer que M. de
Thou qui était lui-même un grand jurisconsulte, et qui a long-temps siégé dans la première cour de judicature de France , lors
même qu'il blâme la conduite de la reine
dans cette affaire, porte sa censure, non sur
le défaut de justice , mais sur le défaut de
politique : *in tam alieno tempore* , dit-il,
rerum prudentiores existimabant (1) *impru-
denter factum esse à Regina ab anglis.*

Nous n'avons fait mention jusqu'à présent

______

(1) Ce fait est encore rapporté par *Selden* comme
une preuve du domaine maritime de la Grande-Bretagne, et non comme une suite de la défense de charger des propriétés ennemies. Cet auteur dit que des

que de la conduite des princes anglais qui savaient maintenir leurs droits et qui gouvernaient leurs peuples avec gloire. Mais nous trouverons que même sous un gouvernement plus foible et dans un période plus rapproché, le droit de saisir la propriété de l'ennemi trouvée à bord de bâtimens neutres, a été pleinement réclamé et pratiqué. Lorsque Villiers, duc de Bukingham dirigeait les affaires navales de l'Angleterre, et que pour satisfaire ses ressentimens privés il engagea son pays dans une guerre contre l'Espagne, la flotte anglaise commandée par Pennington, prit plusieurs bâtimens français, au nombre de trente à quarante, qui avaient à bord les effets espagnols ; ils furent amenés dans les ports d'Angleterre, et nos cours d'amirauté condamnèrent comme prises légales les marchandises espagnoles, mais ordonnèrent de relâcher les bâtimens français, et de payer le fret. Cette conduite fut approuvée par la cour

----

vaisseaux anséatiques chargés de grains furent saisis dans la rade même de Lisbonne, parce qu'ils avaient témérairement, et sans la permission de la reine, pris la route par la mer d'Écosse et par la mer occidentale pour se rendre en Portugal.

d'Angleterre, et le grand amiral fut chargé de la transmettre au gouvernement de France. Environ quinze années après, la France elle-même étant en guerre avec l'Espagne, la flotte française saisit un grand nombre de bâtimens anglais, chargés de propriétés espagnoles ; et leurs cours d'amirauté condamnèrent non seulement les effets de l'ennemi , mais aussi les bâtimens anglais sur lesquels ils étaient chargés. Le comte de Leicester , alors ambassadeur en France, se plaignit hautement de ce fait : on lui répondit que les Anglais s'étaient toujours conduits de cette manière ; et cette réponse ayant été transmise au duc de Northumberland , alors grand amiral, il consulta à cet égard Sir Henri Martin , le meilleur jurisconsulte anglais de son siècle, et le plus versé dans la juridiction maritime ; et d'après son avis, il adressa au duc de Leicester la réponse suivante, laquelle prouve en même temps l'opinion constante, et la modération de l'amirauté britannique sur ce point : « Ce » qu'on prétend de la part des Français, dit-» il, être pratiqué dans nos cours d'amirauté, » est absolument dénié ; on nie de même que » ni la loi, ni la pratique aient jamais été » ici de confisquer les propriétés amies, pour

» avoir parmi elles des propriétés ennemies ;
» nous sommes si éloignés de commettre un
» pareil acte d'injustice, que lorsqu'en temps
» de guerre nous avons rencontré quelques
» prises de cette espèce, le fret a toujours été
» payé par le capteur pour les propriétés
» ennemies qu'il avait saisies, et celles qui
» appartenaient à des amies leur ont été
» dûment restituées (1). »

Ce qui vient d'être dit doit suffire pour faire connoître la conduite du peuple anglais. L'histoire nous prouvera également, que la Hollande a toujours exercé le même droit. Dès le commencement de la guerre que les Provinces-Unies soutinrent pour leur liberté, et même avant que leur souveraineté fût pleinement établie, les Zélandais ne se firent aucun scrupule de conduire dans leurs ports

____

(1) La France a, comme de raison, usé de représailles ; et le refus du fret a été conséquent au principe, que dès qu'il y a défense de transporter des effets ennemis, la transgression est une fraude punissable. Au reste, tout cela prouve que chacun se conduisait selon que cela lui convenait, et qu'il n'existait ni règle, ni usage communs. Si c'est là la source de la jurisprudence de l'Europe, il faut convenir qu'elle est bien impure.

tous les bâtimens neutres chargés d'effets ennemis, en Flandre pour l'Espagne, sous des noms supposés ; et les cours d'amirauté de cette province adjugèrent la propriété espagnole comme prise légale ; et quoiqu'elles relâchassent les vaisseaux neutres, ils ne leur adjugèrent aucune compensation pour le fret (1). Parmi ces vaisseaux, il s'en trouva quelques anglais, et la reine Elisabeth, irritée de ce qu'un état encore si jeune, et qui s'était placé sous sa protection, se permît d'interrompre en aucune manière le commerce de son peuple, commença par manifester son ressentiment en saisissant les bâtimens des Zélandais et en emprisonnant leurs marchands. Les Zélandais usèrent de représailles ; plusieurs navires anglais furent détenus, et leurs commandans confinés. Pour tâcher de terminer cette affaire, la reine envoya en Hollande M. Robert Beal, son secrétaire ; et le prince d'Orange envoya dans la même vue un ministre à Londres. C'est par ce moyen qu'on parvint à terminer la dispute ; les vaisseaux et les prisonniers furent relâchés de part et d'autre ; mais la

---

(1) Ce fait n'est qu'un exemple de plus des abus qu'on se permet sous le nom spécieux des lois de la guerre.

reine ne put jamais obtenir la restitution des effets ennemis pris à bord des bâtimens de ses sujets. Ce fait est digne de remarque, non-seulement parce qu'il est relatif à la conduite de la Hollande, mais aussi parce qu'il fait voir jusqu'où Elisabeth se crut obligée de condescendre à l'équité, quoique les historiens l'aient toujours présentée comme si positive dans son tempérament, et même comme très-tenace lorsqu'elle jugeait ses droits intéressés.

La Hollande, chaque fois qu'elle a été engagée dans la guerre, a suivi la même conduite : elle a même quelquefois prohibé le commerce des nations neutres au-delà de toute justice et de modération. Charles II, dans une lettre adressée aux États-Généraux le 4 octobre 1666, leur imputa une violence remarquable de cette nature. Étant en guerre avec quelques princes Indiens, ils saisirent tous les vaisseaux et toutes les marchandises des négocians anglais qui commerçaient dans ces contrées; et les gouverneurs hollandais n'avaient aucun scrupule de dire dans leurs déclarations, « qu'ayant » depuis peu annoncé la guerre aux princes » avec qui ils avaient dessein de trafiquer,

» cette même guerre devait leur interdire
» tout commerce avec lesdits princes. »

Je passe sous silence beaucoup d'autres preuves de leur conduite sur ce point, pour ne pas devenir fastidieux, surtout ayant à citer un fait qui suffit seul pour prouver l'opinion des Hollandais sur cette matière, et dont je fais mention de préférence, parce qu'il a eu lieu après que les Hollandais eurent tâché par leurs négociations, d'établir comme une maxime générale parmi les nations, que les effets d'un ennemi sous un pavillon neutre doivent passer sans être molestés. Au commencement de la guerre qui éclata immédiatement après la révolution, lorsque la première grande alliance fut formée contre la France, la Hollande fit avec l'Angleterre une convention pour prohiber entièrement le commerce des puissances neutres avec l'ennemi. Dans le préambule de cet acte, ils expliquent publiquement leurs raisons pour cette mesure ; ils disent, « qu'ayant déclaré la guerre
» au roi très-chrétien, il leur importe de
» causer à l'ennemi commun autant de dom-
» mage qu'il est possible, afin de l'obliger à
» consentir à des conditions propres à réta-

» blir le repos de la chrétienté ; et qu'à cette
» fin , il est nécessaire d'interrompre tout
» commerce avec les sujets dudit roi ; et que
» pour y parvenir, ils ont ordonné à leurs
» flottes de bloquer tous les ports et hâvres
» de la France. » Et ensuite dans les deuxième
et troisième articles de la convention , il est
arrêté « qu'ils prendront tout vaisseau , à
» quelque roi ou état qu'il puisse appartenir,
» qui sera rencontré entrant dans les ports
» de France ou en sortant ; qu'ils condam-
» neront le vaisseau et la marchandise comme
» prise légale ; et que cette résolution sera
» notifiée à toutes les puissances neutres. »
Ainsi , telle était alors l'opinion avouée de
la Hollande ; et l'Angleterre fut engagée à se
joindre à elle par cette convention, excédant
par-là les bornes de l'équité et de la modération qu'elle avait presque toujours respectées
auparavant sur ce point, et à ce que j'espère,
qu'elle respectera très-fidèlement à l'avenir.
Les couronnes du nord , particulièrement
frappées par cette prohibition, la combat-
tirent avec véhémence. A leurs objections,
on opposa les circonstances des affaires, le
danger de l'Europe, et la force de la puissance qui, si l'on ne fait pas des efforts ex-

traordinaires , soumettra tout le genre humain (1). Il est remarquable que Puffendorf, qui devait sa fortune et ses emplois à l'une de ces couronnes, avait une opinion qui leur était contraire, et qu'il regardait la convention comme pouvant être justifiée. Il ne s'agit pas ici d'en faire le commentaire ou de la censurer; les conjonctures peuvent quelquefois faire qu'une chose est légale, tandis que considérée en elle-même elle serait injuste ; mais ce sont des temps vraiment malheureux, que ceux où il faut invoquer la nécessité pour établir un droit (2).

Il me reste à examiner la conduite de la France ; mes preuves à son égard seront claires, car elles ne consistent que dans les lois publiques de ce royaume. Plusieurs ordonnances

______

(1) Autre fait qui prouve qu'il n'existait aucune jurisprudence générale fixe et avouée par toutes les nations intéressées. Les circonstances du moment étaient la seule règle de conduite.

(2) La nécessité est la loi des lois ; mais on n'emploie en général ce mot que pour pallier une injustice, un acte de prépotence. C'est un mot d'un grand usage dans le style diplomatique. Au surplus, ce que dit à cet égard M. *Jenkinson*, est la pierre de touche de toute sa doctrine.

très-anciennes déclarent non seulement que les propriétés ennemies seront adjugées comme prises légales , mais aussi que le bâtiment neutre qui les conduit, ou la propriété de quelqu'allié qui s'y trouve jointe, seront également compris dans la confiscation. On a toujours tenu pour maxime dans les tribunaux de la juridiction maritime en France, *que la robe d'ami confisque celle d'ennemi.* Et leur opinion à cet égard était si claire, que les lois qui l'établissent, ont été répétées durant les règnes de deux de leurs rois, François Ier et Henri III. On peut prouver par mille exemples , que dans ce cas particulier, la pratique de la marine française a été conforme aux lois. J'en choisirai un d'après l'autorité d'un ministre de Hollande ; il fera connaître la conduite des Français dans la guerre espagnole qui précéda le traité des Pyrénées. Dans une lettre de M. Boréel à M. de Witt, datée de Paris, le 26 décembre 1653. « On tient ici, dit-il, pour » maxime favorable à leurs intérêts, que » leurs ennemis ne doivent recevoir ni dé- » fense, ni service des sujets de LL. H. P. , en » transportant de chez eux quelques mar- » chandises ou commodités, ou d'autres choses

» qui seraient pour le compte de l'ennemi;
» sous peine, au cas qu'ils les trouvent dans
» des bâtimens hollandais, d'être déclarées
» de bonne prise ».

Mais ce ne sont pas seulement les lois anciennes de la France qui déterminent ainsi
ce point : ses réglemens plus modernes le
confirment. Un des derniers et des plus importans services que Colbert rendit à son
pays, fut l'établissement d'un système de lois
maritimes, le plus sage et le mieux dirigé
que l'esprit de législation ait encore produit
jusqu'à présent. Il faut observer que bien que
l'ordonnance qui les renferme ait été enre-
gistrée en 1681, c'est-à-dire, postérieurement
aux traités par lesquels la France était convenue que les bâtimens neutres protégeront
la propriété ennemie, cependant elle n'y eut
aucun égard, et établit la doctrine contraire.
Ceci prouve combien la France a toujours
donné peu d'attention à cet article (1). L'or-

____

(1) Nouvelle preuve qu'il n'existait nulle part de
jurisprudence fixe sur la matière en question. Le traité
des Pyrénées déclare libres les effets ennemis sous
pavillon français ou espagnols; un autre traité entre
la France et l'Angleterre (23 février 1677) contient

donnance condamne en termes exprès, non seulement les propriétés ennemies, mais aussi le bâtiment neutre qui en est chargé. « Tout » vaisseau, est-il dit, qui a à bord des effets » appartenans à l'ennemi, sera de bonne » prise ».

Faisons maintenant un retour sur ce qui

---

la même stipulation. L'ordonnance de 1681 décide le contraire ; le traité des Pyrénées a été confirmé par des traités postérieurs à cette ordonnance ; l'Angleterre elle-même a varié dans ses différens traités de commerce, et ce sont ces variantes que M. *Jenkinson* présente pour fonder sa doctrine prohibitive !

Pour mettre les lecteurs en état d'apprécier ce que je dis, je crois devoir indiquer des traités qui stipulent la liberté des marchandises ennemies. Traité de commerce entre Louis XIV et les Provinces - Unies, 18 avril 1646. Entre Cromwell et le roi de Portugal, 10 juillet 1654. Entre Louis XIV et les villes Anséatiques, 10 mai 1655. Entre la France et l'Angleterre, 3 novembre 1655. Traité des Pyrénées, 17 septembre 1659. Entre l'Angleterre et les Provinces-Unies, 15 février 1668 et 1674. Entre la France et l'Angleterre, le 24 février 1677. Déclaration de guerre de la Hollande contre la France, 9 mars 1689. Traité de Nimègue, 24 septembre 1678. Entre Louis XIV et la reine Anne, Utrecht, 1713. Entre la France et l'Espagne, 1742, etc.

a été dit. Je crains que l'exposé que j'ai fait n'ait été fastidieux ; mais l'importance du sujet m'y a nécessairement conduit : cependant je me flatte qu'on se sera aperçu que la raison, les autorités, et la pratique (1) se réunissent pour appuyer la cause que je défends. J'ai tâché de tracer, d'après la raison, les principes sur lesquels le droit de capture est fondé ; et pour donner à mes propres sentimens le poids qu'ils ne mériteraient pas par eux-mêmes, j'y ai ajouté les autorités des plus habiles écrivains qui ont traité ce sujet : enfin je suis entré dans de grands détails sur la conduite des nations, non seulement pour donner une base plus ample au droit dont il est question, mais aussi pour faire paraître dans tout son jour la modération actuelle de la Grande-Bretagne, en la comparant avec les extravagantes prétentions d'autres états (2).

---

(1) La raison, c'est le libre arbitre des souverains, dirigé d'après leur seul intérêt ; les autorités ont été combattues plus haut ; la pratique a constamment varié et n'a jamais été uniforme chez aucun gouvernement, pas même en Angleterre. Telles sont les sources où l'auteur a puisé sa doctrine.

(2) Cette modération consiste à ne pas confisquer le bâtiment neutre chargé d'effets ennemis ; mais les effets sont saisis, et c'est là le point de la difficulté.

Aucun siècle ou pays ne donna jamais une plus grande extension au commerce des nations neutres; et nous avons vu que dans les mêmes circonstances la plupart l'ont resserré dans des bornes plus étroites.

Cependant il me reste à répondre à une objection très-plausible, et qu'il ne m'est point permis de passer sous silence. On a prétendu que la liberté de la navigation est détruite par l'effet des captures, et qu'une restriction violente a été mise sur l'industrie permise du genre humain. La liberté de la navigation, dans sa véritable acception, ne peut rien signifier de plus que le droit de conduire à un marché tranquille les produits naturels et industriels de notre propre pays, et d'en rapporter les bénéfices (1). Mais peut-il vous

---

(1) Cette définition du commerce est vraiment remarquable ; et on serait curieux de savoir de quelle autorité elle est émanée. C'est à regret que l'on combat de pareils paradoxes ; mais dès qu'ils sont produits par une autorité grave et respectable, il importe de les combattre. La navigation est indéfinie dans ses droits parce qu'elle se fait sur un élément libre ; quant au commerce il n'a de bornes que celles qu'y mettent les nations intéressées : hormis elles, personne au monde n'a le droit de le contrôler. A en croire M. *Jenkinson*,

être permis d'étendre ce droit à mon détriment; et, quand il n'est question que de
votre propre avantage, de l'exercer en faveur
de mon ennemi (1)?

Tout homme a le droit de commettre certaines actions; mais si la destruction d'un
autre doit en être le résultat, ne serait-ce
pas là une raison suffisante pour le restreindre (2)? Les droits du genre humain ad-

---

un navire ne peut charger que les productions de son
pays, et y conduire celles qu'il a prises en échange,
ou bien son bénéfice en monnaie. Tout cabotage pour le
compte d'autrui, tout commerce d'économie est interdit. Ainsi les Hollandais, les Hambourgeois, les Danois,
etc., doivent mettre pavillon bas ; il ne peut plus être
question du commerce de l'Inde et de la Chine. Ne
portons pas plus loin nos réflexions sur ce point.

(1) Je l'exerce pour vous comme pour votre ennemi, comme pour moi-même. Si le mot *détriment*
était admis comme un motif légitime de prohibition,
le commerce qui est un lien entre les nations, cou-
vrirait le monde de guerres et de brigandages.

(2) Cela ne souffre aucune difficulté ; mais il n'y a
que les faibles qui se laissent détruire; quoi qu'il en
soit, le neutre ne détruit point en jouissant de quelques
avantages commerciaux que les circonstances de la
guerre lui procurent ; sans cela on ne se bornerait
pas à limiter son commerce, on l'empêcherait entière-

mettent différens dégrés; et dès que deux
de ces dégrés sont en concurrence, le plus
faible, dans la balance, doit toujours faire
place au plus élevé (1). Mais, direz-vous,
vous avez du profit à agir comme vous faites;
mais si, d'ailleurs, votre procédé est injuste,
cette considération peut-elle le transformer
en droit (2)? Si vous pensez que votre propre
commerce doit être libre, ce droit ne vous
est aucunement dénié; mais si sous ce dé-

---

ment, comme l'Angleterre, malgré sa prétendue
modération, en usa par son traité avec la Hollande
du 22 août 1689 (*voyez* art. 11). On y déclare de
bonne prise tous les vaisseaux et effets neutres ren-
contrés dans leur route pour quelque port ou rade
sous l'obéissance du roi T.-C. Cette défense n'exige
point de commentaire : elle est un monument remarquable du despotisme maritime de la Grande - Bretagne. Les *patentes* modernes découlent de la même
source.

(1) C'est bien là l'usage : c'est celui de la fable du
lion. Lafontaine pensait combattre et non établir une
maxime politique.

(2) Où est l'injustice? Je commerce avec votre ennemi, je consens à commercer également avec vous :
voilà mon droit et mon devoir comme neutre; mon
bénéfice est une chance que la guerre me procure : il
est légitime.

guisement vous entendez introduire la liberté dans le commerce de l'ennemi, quelle politique ou quelle justice peut l'exiger (1)? Que peuvent desirer de plus les nations neutres, que de demeurer, au milieu des ravages de la guerre, dans les circonstances heureuses que leur avait procurées la tranquillité de la paix? Mais peut-il résulter quelque droit de

____

(1) Ceci est contradictoire; en effet, si mon commerce est libre, je le fais comme je l'entends, comme je l'ai toujours fait, comme j'ai le droit de le faire : l'avantage qui peut en résulter pour votre ennemi ne me concerne point. En tout cas, je vous offre le même avantage, et dès-lors vous n'aurez plus aucune partialité à me reprocher. Mais enfin puisque vous avez tant de prédilection pour les traités, je vais vous y ramener : tous ceux de votre nation comme de toutes les autres, stipulent la liberté de la navigation et du commerce, sauf les marchandises de contrebande qui sont spécifiées. Voilà l'intention précise, positive des contractans clairement exprimée. Avez-vous le droit de la modifier, de l'altérer, de l'anéantir de votre propre chef, selon votre intérêt ou votre bonne ou mauvaise humeur? Si les avantages de mes sujets, si ma prospérité, mon existence sont soumis à votre législation, sans doute mon opposition est injuste, elle est un délit.

votre empressement à profiter de l'occasion
que vous offre la guerre, pour vous créer
une nouvelle espèce de trafic, dont vous
n'avez pas joui en temps de paix, et que la
nécessité oblige l'une des parties de vous
accorder au détriment, peut-être pour la
destruction de l'autre? Si ce droit était admis,
il serait de l'intérêt de tous les états commerçans de semer la dissention parmi leurs
voisins : les querelles d'autrui seraient une
moisson pour eux; ils recueilleraient de la
richesse et de la puissance des contentions
d'autrui (1). Mais après tout, les droits du
commerce ne sont pas la cause réelle de cette
dispute : la liberté de la navigation n'est qu'un
prétexte qu'il plaît à l'ambition de mettre en
avant, afin d'intéresser les états commerçans
à sa cause, et d'attirer leur indignation sur
la Grande-Bretagne : ce n'est pas la première
fois que pareille supercherie est mise en pratique (2). Lorsque la puissance de l'Espagne

---

(1) Cette question est discutée au chapitre X.

(2) Rien n'est plus naturel, les neutres ont des
droits positifs, on leur offre l'occasion d'en profiter :
voilà toute la supercherie.

était parvenue à son plus haut dégré, et qu'Elisabeth lutta contre les vastes desseins de Philippe, la prise de quelques bâtimens appartenans aux villes Anséatiques donna lieu à une contestation de cette nature : mais ce furent les émissaires de Philippe qui soufflèrent la flamme; et sous le prétexte de favoriser le commerce, ils secondèrent les vues ambitieuses de leur maître. La reine d'Angleterre publia une apologie de sa conduite, et on y répondit d'une manière virulente et abusive, non de la part des villes Anséatiques, mais d'Anvers, ville de la dénomination d'Espagne; et cette réponse parut être écrite (dit de *Thou*), *per hominem Philippi partibus addictum, non tam pro libertate navigationis et in Germanorum causa defendenda, quam in Hispanorum gratiam, et ad reginæ nomen proscindendum.* Les intérêts du commerce étaient la cause supposée de cette dispute; mais ceux de Philippe étaient la cause véritable : le prétexte était de maintenir la liberté de la navigation; mais le but réel était de servir l'ambition, et de détruire le gouvernement de la Grande-Bretagne. Il n'est pas nécessaire de comparer ce cas avec celui où nous nous trouvons; la ressemblance est trop frappante (1).

Ainsi nous pourrions terminer ici notre examen, si la loi des nations était le seul fondement sur lequel on puisse établir le point dont il est question ; mais les liens de l'équité ont été jugés trop foibles pour attacher les nations à leur devoir; ainsi leur intérêt leur a appris à les renouveler et à les confirmer par des contrats, et à y ajouter fréquemment certains avantages réciproques supérieurs à ceux que leur aurait accordés le seul droit des gens. Considérons donc l'influence que ces mêmes avantages peuvent avoir sur le cas présent. Quels qu'ils soient, mon intention est de leur donner toute la force que la raison ou la justice peuvent comporter. Si nos ancêtres ont trahi

---

(1) Qui prouve trop ne prouve rien ; comment quelques cargaisons de blé conduites à Lisbonne par la route du nord, pouvaient-elles opérer la destruction de la Grande-Bretagne ? Le crime imputé dans cette occasion aux Anséatiques, était d'avoir passé par le nord sans la permission d'Elisabeth; cette princesse était plus occupée de son domaine maritime que du dommage que lui causait l'entrée de quelques chargemens de blé dans Lisbonne. C'est *Selden* qui me fournit cette remarque.

l'intérêt de leur pays en accordant quelques priviléges de la nature de ceux dont il s'agit ; nous, qui avons succédé à leurs droits, nous sommes obligés de nous en tenir à leur concession ; c'est là un bonheur pour les grands états, dont la puissance égale les efforts qu'exige le maintien de leur indépendance, et qui les met en état de se conduire d'après les principes que la nécessité a souvent forcé les petits états d'abandonner. Les maximes scandaleuses et la politique qui répandirent tant de disgrâce sur le nom comme sur la profession diplomatique, durent leur origine à la conduite des petites principautés de l'Italie ; lorsque mises dans la détresse par les invasions successives de la France et de l'Espagne, elles rompirent, ou soutinrent leurs ligues, selon que l'exigeoit leur sûreté ; et leurs ruses raffinées comme leurs échappatoires réduits en système par les habiles docteurs de leurs conseils, ont composé cette science que le monde a appelée *politique*, science de fraude et de déception, par laquelle les états ont appris à être gouvernés d'après des principes que les individus rougiraient de professer ; comme s'il ne pouvait point exister de moralité parmi les nations, et que le genre humain, formé

en sociétés civiles, et considéré collective-
ment, était dégagé de toutes les règles de
l'honneur et de la vertu.

Il faut donc admettre que dans quelques-
uns de nos traités maritimes avec d'autres
nations, il y a des articles par lesquels il est
stipulé que « tout ce qui sera trouvé à bord
» des navires appartenans aux sujets de ces
» pays, quoique la totalité du chargement
» ou une partie appartiendrait aux ennemis de
» la Grande-Bretagne, etc. ». Un pareil article
n'a été inséré que dans les traités conclus avec
la Hollande (1). Il est vrai qu'on a supposé que

---

(1) Ici la mémoire ayant complètement manqué à
M. Jenkinson, nous croyons devoir y suppléer. Le
traité de commerce signé à Utrecht, en 1713, entre la
France et l'Angleterre, porte (art. 17) : « Comme il est
» stipulé au sujet des navires et des marchandises, que
» les vaisseaux libres donnent également la liberté aux
» effets, et qu'on doit juger libre et exempte, toute
» chose trouvée à bord des vaisseaux appartenans aux
» sujets de l'un des deux confédérés, quand même
» tout le chargement ou même une partie appartien-
» drait aux ennemis de l'une ou l'autre de leurs ma-
» jestés, à l'exception des effets de contrebande, pour
» la découverte desquels on se conduira conformé-
» ment aux articles subséquens ».

Mais, enfin, admettons la remarque de M. Jenkinson;

les sujets de la couronne d'Espagne avaient le droit de jouir d'un privilége de la même nature ; cependant il est certain qu'aucun article tel que celui qui est rapporté plus haut , n'existe dans les traités de marine conclus entre l'Espagne et la Grande-Bretagne , nommément dans celui de Madrid de 1667 , qui est le principal traité maritime actuellement subsistant entre les deux royaumes (1). Mais comme une erreur de cette na-

n'en résulte-t-il pas que la Grande-Bretagne s'est plusieurs fois relâchée de la rigueur de ses principes en faveur de la nation qui était en état , par l'étendue de sa navigation , de profiter de la faveur que le gouvernement britannique daignait lui accorder ? Ainsi la remarque même de M. Jenkinson renverse toute sa doctrine. (*Voyez* la note 20).

(1) Non , ce n'est point le seul : il en a été signé un à Utrecht en 1713. Il contient les stipulations suivantes (art. 21) : « Les sujets respectifs navigueront et trafi-
» queront librement et sûrement dans tous les royaumes
» et pays qui sont ou seront en paix avec les deux puis-
» sances ; » et (art. 22) » : Et ils ne seront ni trou-
» blés ni inquiétés dans cette liberté , par les sujets ou
» vaisseaux respectifs des deux rois , à raison des hostili-
» tés qui peuvent exister ou existeront dans la suite
» entre les susdits rois et d'autres états et pays, qui seront
» en paix avec l'autre ». L'article 22 n'excepte que les marchandises de contrebande , lesquelles seules pour-

ture peut avoir résulté de la fausse interprétation de deux articles du traité de Madrid , qui
déclarent en général, que « les sujets des deux
» couronnes doivent avoir respectivement la
» liberté de trafiquer dans toutes les contrées
» cultivant la paix , l'amitié ou la neutralité
» avec l'une des deux parties, et que ladite

---

ront être enlevées. L'article 26 déclare confiscables , les
effets appartenans aux sujets des deux rois trouvés à
bord d'un bâtiment ennemi.

Aux articles relatifs à l'Espagne, je crois devoir ajouter l'article 10 du traité de commerce conclu entre la
Russie et la Grande-Bretagne , en 1766. Voici ce
qu'il porte : « Il sera permis aux sujets des hautes par
» ties contractantes , d'aller , venir et commercer
» librement dans les états avec lesquels l'une ou l'autre
» de ces parties se trouvera présentement ou à l'avenir
» en guerre , bien entendu qu'ils ne portent point de
» munitions à l'ennemi. On en excepte néanmoins les
» places actuellement bloquées , ou assiégées tant par
» mer que par terre ; mais en tout autre temps , à
» l'exception des munitions de guerre , lesdits sujets
» pourront transporter dans ces places toute autre
» sorte de marchandises, ainsi que des passagers sans
» aucun empêchement ».

Il ne faut point un grand effort d'esprit pour être
convaincu , d'après la teneur des articles qui viennent
d'être rapportés, que les parties contractantes n'ont

» liberté ne sera aucunement interrompue
» par aucun empêchement ou trouble quel-
» conque, pour raison de quelqu'hostilité
» qui peut survenir entre l'une desdites cou-
» ronnes et d'autres états ». Et comme la liberté stipulée par l'article ci-dessus pourrait
être considérée comme accordant le droit de

---

point eu l'intention de défendre à ' leurs sujets le
transport des marchandises ennemies dites innocentes
quoiqu'appartenantes à l'ennemi. La liberté est le principe pré-établi ; elle n'a pu être restreinte que par des
exceptions. Or, il est une maxime de droit qui dit :
inclusio unius est exclusio alterius.

Mais revenons à M. Jenkinson, il prétend justifier son
systême de prohibition en soutenant qu'on n'a fait d'exception qu'en faveur des Hollandais ; mais l'auteur
n'a pas pris garde que cette faveur a été concédée précisément à la nation qui aurait dû en être exclue de
préférence à toutes les autres ; en effet, les Hollandais
faisaient à eux seuls plus de cabotage que toutes les
autres places maritimes ; par conséquent ils causaient
un préjudice réel à la Grande-Bretagne, si le transport des marchandises ennemies était dangereux pour
elle. Il faut donc dire, ou que les négociateurs anglais
ont trahi les intérêts de leur pays, ou que le danger
allégué par M. Jenkinson est imaginaire, et qu'il ne
peut être qu'un prétexte pour vexer arbitrairement
la navigation des neutres.

conduire librement des effets de l'ennemi , il est nécessaire de détruire cette erreur , et de faire connaître le véritable objet comme le sens des articles en question.

On ne saurait douter , je pense , que selon les principes de l'équité naturelle , qui constitue le droit des gens , les sujets de chaque pays n'aient toujours le droit de commercer en général dans les ports d'un état, quoiqu'engagé dans la guerre avec un autre , pourvu que ce soit avec leurs propres marchandises , ou pour leur propre compte , et que sous ce prétexte , ils n'entreprennent pas de soustraire à une des parties les effets de l'autre. C'est aussi à cette condition qu'ils ne conduisent pas à l'une d'elles des instrumens de guerre , ou toute autre chose quelconque qui pourrait leur être nécessaire pour leur défense , selon la nature de leur situation respective , ou selon les circonstances du cas (1).

Quelque clair que puisse être ce point de doctrine, on a dû voir par les faits cités plus haut, que parmi les irrégularités de la guerre,

---

(1) Toute cette doctrine est inadmissible, comme on croit l'avoir déjà prouvé.

les règles de l'équité à l'égard de notre objet n'ont pas toujours été suffisamment prises en considération , et que beaucoup de gouvernemens ont souvent, en temps de guerre , troublé licencieusement et même prohibé totalement le commerce des nations neutres avec leurs ennemis (1). Ainsi, vers le milieu du dernier siècle , lorsque · les réglemens commerciaux qui subsistent présentement entre les puissances européennes commencèrent à être formés , il devint nécessaire de rappeler l'attention des gouvernemens aux principes du droit naturel dont ils s'étaient écartés , et de fixer et déterminer ce qui constitue le droit des gens , par des articles de leurs traités respectifs. C'est dans cette vue que les négociateurs de ce siècle insérèrent dans leurs réglemens commerciaux des articles analogues à ceux cités plus haut, assurant en général le droit de commercer sans empêchement avec les états ennemis ; et ils étaient dans l'usage de placer ces articles parmi ceux concernant les importations générales qui étaient communément établis comme la base

____

(1) C'est précisément là ce que fit l'Angleterre en 1685 (*voyez* note 25).

sur laquelle étaient fondées les stipulations subséquentes. Ainsi la règle de l'équité étant ainsi définie, ils établirent en conséquence des priviléges que cette règle seule ne leur aurait pas alloués (1). Les autres nations, selon que les dirigeait leur intérêt, s'accordèrent mutuellement, par des articles nouveaux, le droit de conduire librement la propriété de leurs ennemis respectifs. Ainsi ces derniers articles doivent être entièrement distincts par leur nature de ceux mentionnés plus haut, et même comme entièrement différens dans leur objet : les premiers confirment une règle ancienne, les seconds créent des pri-

––––––––––

(1) Ce raisonnement est d'une fausseté palpable. M. Jenkinson avoue lui-même que pour faire cesser les désordres précédens on en revint aux principes du droit naturel ; or, le principe fondamental de ce droit c'est la liberté ; c'est donc la liberté qu'on a entendu rétablir. C'est là la source et le but des stipulations qu'il plaît à M. Jenkinson d'appeler priviléges, exceptions, faveurs. On ne se serait jamais imaginé que la jouissance d'un droit accordé par la loi naturelle, pût être considérée comme un privilége, une faveur de la part d'un tiers de qui je ne dépends pas. Avec une pareille logique on établit tous les systêmes que l'imagination ou l'intérêt personnel peuvent enfanter.

viléges nouveaux ; ceux-là confirment seulement un droit déjà déterminé par le droit des gens, ceux-ci établissent une exception à cette loi....... Si tous ces articles ont le même sens, pourquoi les uns et les autres sont-ils insérés dans les mêmes traités ? Dans ce cas la répétition aurait-elle été nécessaire ? Et à quel propos de nouveaux articles ont-ils été ajoutés pour accorder un privilége déjà renfermé dans les termes du précédent (1)? C'est

---

(1) Quand entre particuliers il n'existe pas d'engagement particulier, leurs actions sont réglées par la loi civile, qui leur est commune ; les nations qui se trouvent dans le même cas, ont pour loi commune le droit des gens. Si elles font des conventions, ou elles suivent ce même droit, ou elles y font des exceptions ; mais, dans un cas comme dans l'autre, elles spécifient leurs intentions, afin de prévenir les fausses interprétations, les abus de la puissance et de l'intérêt personnel. Ainsi c'est une erreur de dire que les stipulations particulières sont des exceptions à la règle générale. Ce serait abuser de la patience du lecteur que de chercher à établir cette vérité, et de l'appliquer à ce que M. Jenkinson appelle exception et privilége. Si les gouvernemens sont ponctuels, même souvent minutieux dans leurs stipulations, c'est parce qu'il n'existe entr'eux aucun juge pour arrêter les effets de la mauvaise foi et les interprétations arbitraires, et que les puissans

ainsi que la même exception des marchandises de contrebande est encore répétée dans
le dernier cas, aussi bien que dans le premier ; et elle prouve clairement, que la propriété qui est l'objet de l'exception dans les
différens articles, doit être également différente dans sa nature : l'un est relatif aux moyens
de commerce dont chaque nation jouit, savoir ses propres productions ou propriétés ;
l'autre est relatif à la propriété de l'ennemi (1).

Mais ce point est encore plus clairement

----

donnent à leurs engagemens comme au droit des gens
le sens qui convient à leur intérêt ; rien ne prouve mieux
cette vérité que la doctrine que développe M. Jenkinson.
Mais enfin quand le principe général est posé , il fait la
loi aux contractans, lorsqu'on n'y a pas mis de restriction : c'est là le cas des traités que nous avons cités.

(1) Encore un faux raisonnement. La contrebande
de guerre est exceptée, parce qu'elle a par sa nature
même une destination hostile ; c'est par cette raison
qu'elle est consignée comme prohibée dans tous les
traités de navigation et de commerce ; et d'après l'opinion universelle, la prohibition ou exception résulte de
la nature même des choses. Si la jurisprudence maritime était moins versatile, moins arbitraire , si l'intérêt ne l'emportait pas sur le droit, il faudrait moins
de précautions, la raison naturelle dirigerait tout, il
n'y aurait ni discussions, ni guerres.

expliqué à l'aide d'autres traités où sont insérés des articles de la même force , comme
le 21e et le 22e du traité de Madrid ; et le sens
de ces articles est rendu sensible par les parties
subséquentes des mêmes traités. Dans celui de
commerce entre la Grande-Bretagne et la
Suède , du 21 octobre 1661 , il est stipulé
(art. 11): « Qu'il n'est nullement entendu que
» les sujets de l'un des confédérés qui n'est
» pas partie dans la guerre , doivent être gênés
» dans leur liberté de commerce et de navi-
» gation avec les ennemis de l'autre confédéré
» impliqué dans la guerre ». Et dans l'article
qui suit immédiatement, le sens de ces paroles
devient manifeste au-delà de tout doute ; on est
si éloigné d'y supposer que la liberté accordée
peut être interprétée de manière qu'elle renferme le droit de transporter les effets de
l'ennemi , que la seule tentative est qualifiée
de fraude et de crime haineux et punissable ;
et pour prévenir toute collusion à cet égard,
les navires des deux états doivent être munis
de passeports « spécifiant le pays des proprié-
» taires et des effets qui se trouvent à
» bord (1) ». Et dans le traité entre la Grande-

----

(1) C'est ce traité qu'il faut regarder comme une
exception au droit commun.

Bretagne et le Danemark (29 novembre 1669), on stipule (art. 16) le droit de commercer librement avec l'ennemi ; mais ensuite, par l'article 20 , l'étendue de ce droit est rendu sensible ; on y établit les moyens de prévenir les desseins de ceux qui, à la faveur de cette stipulation , tenteraient de protéger les effets de l'ennemi : et l'illégalité de cette pratique étant présupposée , l'article porte ce qui suit : « Mais dans la crainte que cette
» liberté de navigation et de passage en faveur
» d'un des alliés, ne porte préjudice à l'autre
» durant la guerre dans laquelle il serait en-
» gagé avec un autre état, par terre ou par
» mer , et que les effets appartenans à l'en-
» nemi ne soient frauduleusement cachés ;
» pour prévenir toute fraude de cette espèce,
» tous les navires doivent être munis de passe-
» ports » dont la forme est réglée , et qui est la même que celle établie par le traité cité plus haut. Il est donc manifeste d'après ces traités, que par la stipulation générale en faveur du commerce avec l'ennemi d'une autre puissance, les négociateurs n'ont jamais entendu y comprendre le droit de transporter librement les effets de l'ennemi , et que pour établir un pareil droit, il est nécessaire

d'en faire une mention expresse (1). Ainsi les articles 21 et 22 du traité de Madrid, où la liberté de trafiquer avec les pays ennemis de la Grande-Bretagne est stipulée de cette manière, doivent être considérés comme n'accordant aux sujets de la couronne d'Espagne que le droit de faire, *sans aucune injure, molestation ou trouble*, qu'un commerce légal couformément au droit des gens ; or, conformément à ce droit, ce serait chose illégale, en temps de guerre, de protéger les effets appartenans à l'ennemi (2). Un privilége de cette nature la Grande – Bretagne n'a nulle part consenti à l'accorder, si ce n'est dans ses traités de commerce avec la France et avec

---

(1) Même remarque que la précédente. On rappelle le principe de la liberté, mais ensuite les contractans ont jugé à propos de la restreindre. Tel est l'ordre observé dans le traité ; et il est conforme à la saine logique : « J'avoue, je reconnais tous vos droits, mais » je demande que vous ne jouissiez pas de tel ou tel ». On ne dira certainement point, comme M. Jenkinson, que cette restriction ne présuppose pas la liberté, ou que la restriction constitue le principe.

(2) C'est ériger en principe ce qui est en contestation, c'est restreindre arbitrairement une clause générale.

la Hollande (1). Le terme du premier de ces traités est écoulé ; ainsi il ne me reste à parler que du second, et je me propose de faire voir qu'il est également éteint. Mais pour donner un aperçu complet de mon sujet, et pour faire connaître l'origine et l'intention de ce privilége, il sera nécessaire d'en donner l'histoire, et de rapporter de quelle manière l'article qui l'accorde a été admis dans les traités.

Les Provinces-Unies ayant terminé par le traité de Munster, la longue guerre qu'elles ont si noblement soutenue pour la défense de leur liberté, et après avoir couronné leurs efforts en obtenant la pleine reconnaissance de leur indépendance, délivrées des soins de la guerre, elles tournèrent sagement leur pensée vers les arts de la paix. Après de longues contentions intérieures, les provinces commerçantes avaient enfin obtenu la principale part dans la conduite des affaires de l'Etat ; l'intérêt du commerce fut le premier objet de leur conseil ; leurs armées furent réduites ; tous ceux qui favorisaient la guerre perdirent leur crédit ; et les vues de leurs ministres

---

(1) Il est énoncé par un traité conclu par Cromwell, en 1664, avec le roi de Portugal.

avaient particulièrement pour objet de donner de la permanence au commerce étendu qui les avait soutenus dans leur détresse, et aux effets duquel ils attribuaient principalement leur puissance et leur liberté.

Ils étaient en effet, alors, tellement les maîtres de presque tout le commerce du monde, qu'ils n'avaient pour ainsi dire plus rien à faire que d'en conserver la possession. Le public fut dans cette occasion amusé par un nouveau genre de politique, enfant de l'avarice plutôt que de l'ambition. Désirant tenir le genre humain dans l'indolence, afin de pouvoir plus complètement recueillir les fruits de son industrie, les moyens que les Hollandais mirent en usage pour conserver leurs pêcheries, et pour s'assurer le commerce exclusif des épiceries, sont parfaitement connus. Ils réclamèrent hautement la liberté de la navigation, jusqu'à ce qu'ils l'eussent rendue libre pour eux - mêmes ; mais on les accusa de pratiquer, au-delà de la ligne, une doctrine différente de celle qu'ils professaient de ce côté-ci, et de chercher à établir le commerce exclusif dans les mêmes mers dont la liberté a été si habilement défendue par la plume de leur *Grotius* contre les concessions papales et les prétentions de l'Espagne.

Toutefois une autre espèce de commerce demandait toute leur attention, et même plus que les précédentes, en ce qu'elle offrait non seulement une branche de commerce lucrative par elle-même, mais aussi en ce qu'elle devait contribuer à la sûreté du reste, comme étant la principale base de leur puissance navale : je veux parler du cabotage ou commerce d'économie, qui est l'objet du présent Discours.

Pour comprendre les vues des Hollandais à cet égard, nous devons d'abord rechercher le fondement sur lequel était bâtie leur politique. Ils avaient succédé aux négocians des villes anséatiques, en devenant les voituriers du monde; au moyen de quoi une longue possession leur avait procuré un grand nombre de matelots et de vaisseaux : à quoi ils ajoutèrent une parcimonie et une industrie peu communes, mais particulièrement propres à leurs sujets. Ils les engagèrent à se contenter de faibles profits, et les mirent en état de transporter les manufactures de tous les pays à meilleur marché que les natifs mêmes de ces pays. Avec des circonstances si favorables, ils étaient sûrs de s'approprier entièrement et pour toujours cette branche de commerce; s'ils pouvaient, par leurs négociations et leur politique, établir deux points : le premier était qu'aucun état ne pourrait accorder à ses propres sujets aucun privilége concernant le cabotage dont les Hollandais ne jouiraient pas également; et comme les suites de la guerre pouvaient fréquemment interrompre le cours du commerce, ils s'efforcèrent d'obtenir, comme leur second point, que dans le cas ou l'une ou l'autre nation serait en guerre, ils jouiraient, comme neutres, du droit de protéger la propriété de ses ennemis. Ces deux points une fois obtenus devaient ouvrir un plus vaste champ à leur industrie que tout ce dont ils auraient pu autrement prétendre jouir. Cependant ils furent prudens dans leurs sollicitations; aucune nation, si ce n'est les Hollandais, n'avait de navigation au-delà de ce qu'exigeait le transport de ses propres manufactures; ainsi eux seuls pouvaient faire le cabotage des autres pays, et recueillir largement, lorsque leurs voisins étaient en guerre, les avantages qu'ils s'étaient proposés.

La régence de Hollande travailla avec une grande persévérance à l'établissement de ces

deux points : son grand ministre de *Witt*
remplissait toutes ses instructions et toutes
ses dépêches des argumens et des motifs que
son activité pouvait inventer pour appuyer
ces deux maximes favorites : la régence était
disposée à abandonner tout avantage temporaire, pour gagner celui qui, une fois acquis,
serait devenu pour des siècles une source
surabondante de richesses. Elle tâcha d'abord
d'engager la France à se prêter à ses desirs
à cet égard ; mais ses démarches furent long-
temps infructueuses. Fouquet, pendant qu'il
était à la tête de la marine et des finances,
établit, en opposition au premier point, une
taxe de cinquante sous par tonneau sur toute
la navigation étrangère, et tâcha d'encourager
et d'augmenter par-là le cabotage de son
propre pays ; et lorsqu'après sa disgrace Colbert lui succéda, cette taxe fut à peu près
la seule partie de sa politique que celui-ci
jugea à propos d'adopter. C'est une chose
surprenante, que le zèle et l'application des
ministres hollandais pour en obtenir l'abolition. La France se relâcha enfin de sa sévérité,
moins pour favoriser le commerce des Hollandais, que pour promouvoir ses propres intérêts. Les vastes plans de Colbert, pour

améliorer les manufactures de son pays, eurent plus de succès que ceux qui avaient pour objet l'augmentation de la marine; et les fréquentes guerres dans lesquelles son ambitieux maître entraîna le royaume, donnèrent de fréquentes atteintes à la navigation de ses sujets. Ainsi la France, pour procurer à ses manufactures un débit plus étendu, jugea nécessaire d'ouvrir ses ports aux navires étrangers; et dans cette vue, elle supprima la taxe de cinquante sous par le traité de Ryswick, en tant qu'il concernait la Hollande exclusivement; et, depuis ce temps, elle a réglé sa conduite selon que l'exigeait l'intérêt de son commerce. En temps de guerre, elle a toujours remis ce droit, parce qu'alors elle est obligée d'employer le cabotage des nations neutres, ses forces navales n'étant pas suffisantes pour la protection du sien propre : et en temps de paix elle maintient ou non la taxe, selon que l'exige sa propre navigation, donnant toujours le plus grand encouragement à sa marine pour la conservation de ses manufactures.

La France consentit plutôt au second objet de la politique hollandaise : elle accorda aux vaisseaux hollandais, comme neutres, le droit de protéger les effets ennemis. Les lois françaises étaient contraires à ce droit; ainsi, à cet égard, les lois et les traités se contredisaient. Quelques ordonnances très-anciennes de ce royaume (comme nous l'avons déjà fait voir), avaient adjugé comme prises légales, dans ce cas, non seulement les propriétés ennemies, mais aussi le bâtiment neutre qui les transportait (1). Cependant on se relâcha sur ce dernier point dès 1646, par un traité temporaire conclu à cette époque avec la Hollande : les bâtimens neutres et tous les effets amis trouvés à bord furent épargnés. La Hollande tâcha, par une négociation subséquente, d'obtenir non seulement la confirmation, mais aussi l'extension de ce privilége: ce fut là une des principales besognes de M. *Boreel*, durant sa longue ambassade en France. Enfin, cette faveur fut obtenue dans toute son étendue, par un traité défensif conclu le 27 avril 1662. On convint réciproquement par l'article XXXV, que tout ce qui sera trouvé à bord des bâtimens de l'un et l'autre des parties contractantes, « encore que

____

(1) Nouvelle preuve de la versalité de la jurisprudence maritime.

» la charge ou partie d'icelle fût aux ennemis,
» sera libre et affranchie ». Cet article fut
renouvelé par le traité de marine de 1678,
et confirmé par tous les traités subséquens
entre les deux puissances. La France, vu la
condition de sa marine, ne pouvait certainement recueillir aucun avantage de l'insertion
de cet article dans ses propres traités ; mais
il était sage à elle de tâcher d'établir ce point
comme une maxime générale de la loi nationale parmi les autres États ; et l'expérience
lui en a prouvé l'utilité en temps de guerre (1).

Mais la Hollande exerça toute sa politique
à faire adopter ses maximes à la nation qu'elle
craignait le plus, comme sa rivale, à l'égard
du commerce. La scandaleuse ignorance des
ministres anglais en matière de commerce,
et le peu d'attention qu'ils y donnaient, pro-

---

(1) Si la France a consulté son propre intérêt, elle
l'a du moins calqué sur la raison naturelle, je veux
dire sur les principes du droit des gens ; et son exemple
a prospéré , même plusieurs fois en Angleterre.
Voyez l'art. XI de son traité de commerce avec la
Russie, conclu en 1734, et l'art X de celui conclu
en 1766.

curèrent pendant quelque temps de si grands avantages aux Hollandais, que l'on vit dans nos colonies plus de vaisseaux de cette nation que des nôtres. La navigation anglaise, depuis le règne d'Élisabeth, a été dans un constant déclin. On a de la peine à croire que sous le règne de Charles 1er, l'Angleterre ne pouvait point fournir plus de trois bâtimens marchands de trois cents tonneaux, si Sir Thomas Child ne l'eût pas affirmé. Enfin, le temps arriva où nous fûmes mis, à cet égard, sur un pied d'égalité avec nos voisins, et en mesure de nous approprier les avantages de notre propre industrie et de nos productions. En 1651, le parlement d'Angleterre établit la noble base de la politique commerciale, appelée depuis acte de navigation. M. Saint-John, revenant vers ce temps de son ambassade en Hollande, devînt l'heureux instrument dont se servit la Providence, pour accomplir ce grand œuvre. Ressentant vivement le refus qu'avaient éprouvé ses propositions, et les insultes faites à sa personne, il sollicita avec chaleur, et détermina enfin le conseil d'état à engager le parlement à l'adopter. Le comité siégea cinq jours pour le rédiger ; et il fut enfin publié par l'ordre de la chambre, avec une grande pompe, à l'échiquier royal (1). Les Hollandais en sentirent tellement les conséquences, qu'il fut la principale cause de la guerre qui s'ensuivit : dans un manifeste publié peu après, ils le qualifièrent « d'acte » et d'ordre vil ». Durant les négociations qui mirent fin à cette guerre, de *Witt* travailla avec son zèle et sa subtilité habituelle à en obtenir l'abolition ; heureusement ses efforts furent vains : ceux qui avaient fait la loi, en surveillèrent l'exécution avec vigueur, et ses effets ne tardèrent pas à se manifester.

____

(1) C'est à cette occasion que le long parlement ordonna la traduction en anglais du fameux *Mare clausum* de *Selden*. Son but était de bien pénétrer la nation de la doctrine de cet écrivain, et d'étayer par le suffrage national les négociations suivies avec la Hollande, pour l'obliger à reconnaître le domaine maritime de la Grande-Bretagne, particulièrement dans la Manche, dite mer Britannique. Cromwell, d'abord le plus chaud partisan de cette prétention, l'abandonna après qu'il eut expulsé son simulacre de parlement, et qu'il se fut déclaré protecteur. Il conclut la paix avec les Hollandais et se contenta de stipuler le salut en mer , non comme une reconnaissance du prétendu domaine de la Grande – Bretagne , mais comme une marque de déférence pour son rang et sa puissance.

Cet acte de politique a heureusement contrebalancé toutes nos autres extravagances. Quoique condamné par quelques-uns de nos historiens, et passé sous silence par d'autres, il a fait connaître la source fertile de toute notre puissance navale; il a contribué insensiblement à notre conservation, et il a été la source d'où a coulé la prospérité et la grandeur de l'Angleterre (1).

Nos ancêtres résistèrent pendant quelque temps avec une égale constance à l'autre maxime de la politique hollandaise : ils ne voulurent point consentir que les navires de cette nation, comme neutres, protégeassent les effets de l'ennemi. Par un très-ancien traité conclu lorsque les ducs de Bourgogne étaient souverains des Pays-Bas, l'opinion

---

(1) Ce n'est pas ici le lieu d'analyser cette apologie de l'acte de navigation, parce qu'elle n'est qu'un épisode dans le discours de M. Jenkinson. Je me contente d'observer qu'il est étranger à la France, parce qu'elle ne fait pas le commerce d'économie, et que bien loin de voiturer les productions des autres pays, elle abandonne même en grande partie le transport de ses propres productions. L'examen de cet ordre de choses serait déplacé dans une note.

contraire avait long-temps été établie : dans
ce traité on convint, *quod subditi unius
principum prædictorum* (Henri VII, roi
d'Angleterre, et Philippe, duc de Bourgogne), *non adducent aut adduci facient
per mare , fraudulosè , vel quocumque
colore, aliqua bona seu merchandizas ini-
micorum alterius eorundem principum.* Il
est stipulé, en outre, que dans le cas où le
maître du navire neutre entreprendrait par
des faux rapports, de frauder le capteur
d'aucuns des effets ennemis, il doit être tenu
de l'indemniser de la perte qu'il aurait éprouvée
par la forfaiture proportionnelle de ce qui lui
appartient. On avait fait parvenir, avant la
restauration, de fréquentes adresses au parlement et au protecteur sur la manière de
procéder à cet égard; mais les hommes qui
avaient rédigé l'acte de navigation, étaient
trop sages pour y consentir : cependant, dans
une occasion particulière, l'Angleterre fit
cette concession. Par le traité de commerce,
signé à La Haye, le 17 février 1668, ce point
fut arrangé à la satisfaction de la Hollande.
On stipula, par l'article X, que les vaisseaux
de chaque pays pourront transporter librement les marchandises des ennemis de cha-

cune des deux parties. Les circonstances du temps et la situation des affaires à cette époque, expliquent l'admission de cet article, et servent d'apologie aux auteurs du traité. Louis venait de commencer la première carrière de son ambition; et l'Angleterre résolut avec courage de se placer sur son chemin. Alors la Hollande était fortement liée avec la France par une alliance défensive, et il était nécessaire de l'en détacher, et de l'engager à se joindre avec l'Angleterre, afin de conserver l'indépendance de l'Europe. Il était naturel, dans cette occasion, de lui offrir les mêmes conditions dont elle jouissait, en vertu de son traité avec la France; et, en effet, il lui fallait, dans cette occurrence, une sorte de sûreté. Le roi d'Angleterre avait toujours montré peu d'affection pour les Etats-Généraux; la guerre avec ce pays venait d'être terminée, et la plaie était faiblement guérie. Lorsque Sir *William Temple* négocia la triple alliance, il convint privativement, avec M. *de Witt*, que le traité avec la France, de 1662, serait la base des traités subséquens de commerce et de défense, à conclure immédiatement avec l'Angleterre. Nous avons déjà observé que dans le XXXVe.

article du traité de 1662, la France consentait à accorder le droit de protection aux
bâtimens neutres. Ainsi, cette stipulation fut
insérée dans le traité de 1668, conclu immédiatement après la triple alliance ; et les
avantages qui devaient résulter de là en faveur
du commerce hollandais, étaient les concessions que l'Angleterre se détermina alors à
faire pour obtenir l'assistance de la République contre la France. Dans quelle autre
vue la Grande-Bretagne pouvait-elle alors
admettre dans ses traités, un point qu'elle
avait précédemment refusé si long-temps aux
constantes sollicitations des Etats? Aucun
bénéfice que le commerce anglais aurait pu
recueillir de la stipulation mutuelle de cet
article, ne pouvait jamais être l'objet des vues
des ministres britanniques. L'article, considéré en lui-même, est de la plus fatale conséquence pour la puissance comme pour le
commerce de la Grande-Bretagne. Lorsqu'elle
est en paix, tandis que ses voisins sont en
guerre, elle n'en peut recueillir aucun fruit,
parce que sa navigation n'est qu'au niveau
du commerce de ses sujets; et quand, d'un
autre côté, la Grande-Bretagne est en guerre,
et que ses voisins sont en paix, le même

article tend à affaiblir la meilleure partie de sa puissance, et à rendre infructueux les efforts de sa force navale; tandis qu'en même temps, considéré comme maxime générale de droit parmi les autres nations, la Grande-Bretagne, d'un côté, n'en a aucun besoin, étant en mesure, en temps de guerre, de protéger sa propre navigation; de l'autre, ses marchands ne peuvent point profiter de ses avantages, parce que l'emploi du cabotage étranger est en grande partie contraire à ses lois : cet article fut encore renouvelé dans le traité de commerce de 1674, qui est le réglement maritime actuellement subsistant entre la Grande-Bretagne et la Hollande.

Ainsi, l'article en question existant dans nos traités, il s'agit d'examiner s'il est encore dans sa force (1).

Les traités d'alliance n'étant autre chose que des stipulations d'avantages mutuels entre deux sociétés, en faveur de l'une et de l'autre, ils doivent être considérés comme étant de la nature d'un marché, dont les conditions

---

(1) Cette question porte sur le fait et est étrangère par conséquent aux principes; elle appartient au droit conventionnel, ou plutôt aux déviations de la politique.

sont toujours supposées égales , au moins dans l'opinion de ceux qui les font. Ainsi, celui qui rompt la partie du contrat qui le concerne, en détruit l'égalité et la justice, et perd toute prétention aux bénéfices que l'autre partie a stipulés en sa faveur : *Si pars una* (dit *Grotius*) *fœdus violaverit, poterit altera à fœdere discedere, nam capita fœderis singula conditionis vim habent.* Et *Puffendorf*, parlant des conventions, dit : *Nec hoc alterum obligant, ubi ab uno legibus conventionis non fuerit satisfactum* (1).

Ainsi, la question est : la Hollande a-t-elle rempli sa part des traités ou contrats, par lesquels elle est mutuellement engagée avec l'Angleterre? A-t-elle rempli tout ce qu'elle a stipulé en notre faveur? Ou bien a-t-elle manqué à l'exécution de quelque article dans

---

(1) Rien n'est plus positif que cette doctrine ; elle est le fondement de la loi civile comme du droit des gens ; mais, dans ce dernier cas surtout, la difficulté est dans l'application : chaque état la fait selon son intérêt et ses vues, et il n'y a ni juge, ni arbitre pour prononcer : l'arbitre souverain, c'est la *raison d'état* quand la puissance la soutient. Mais M. *Jenkinson* a mis ce moyen transcendant à l'écart pour y substituer la raison naturelle. Il faut donc l'écouter.

lequel est comprise la vie même de notre alliance? Si une partie aussi matérielle est éteinte, il est contre nature de supposer qu'aucune autre partie du traité puisse subsister. La Hollande, dans ce cas, serait sans titre pour exiger l'exécution de ce qui aurait été concédé en sa faveur, surtout s'il devait en résulter du préjudice pour l'allié dont elle a abandonné l'amitié.

Je ne doute pas que le lecteur n'ait déjà répondu, dans sa pensée, à la question proposée, que les possessions de la Grande-Bretagne, en Europe, ont été attaquées par les armées françaises; que dans ce cas, la Hollande est obligée, par des traités, de donner des secours immédiats; et, après un certain temps, de se joindre à la Grande-Bretagne; qu'elle n'a pas rempli ces conditions; que par conséquent elle a perdu tout titre aux avantages contenus dans les mêmes traités, et surtout à ceux qui peuvent résulter de la nature même de la guerre.

Cependant je vais examiner ce point plus particulièrement. La Hollande est engagée par trois garanties ou traités défensifs avec l'Angleterre : le premier est l'ancienne alliance défensive qui a servi de base à tous les traités subséquens entre les deux nations. Ce traité devait être conclu immédiatement après la triple alliance ; mais la conduite vacillante des ministres de Charles II, et le malheureux attachement de ce monarque à la cour de France, le différa pendant quelques années : cependant il fut enfin signé à Westminster, le 7 mars 1678. Il est (à l'exception de deux altérations essentielles), une copie exacte des douze premiers articles du traité conclu avec la France, en 1662 ; et tous les deux furent négociés par le même ministre, M. *Van Beuningen.* Dans le préambule du dernier « la conservation des » domaines respectifs », est établie comme motif du traité ; et les stipulations sont : « Une » garantie mutuelle de tout ce que possèdent » expressément les alliés, ou pourront ac- » quérir dans la suite par des traités, par » la paix, en Europe seulement ; » ils garan- tissent, en outre, « tous traités conclus à » cette époque, ou pourront à l'avenir être » conclus conjointement avec quelqu'autre » puissance. » On promet également « de » défendre et maintenir l'un l'autre dans la » possession de toutes les villes et forteresses » qui appartiennent ou appartiendront à l'a-

» venir à l'une des parties; » et dans cette vue il est convenu : « que si l'une des deux » nations est attaquée ou molestée, l'autre » doit immédiatement la secourir avec un » certain nombre de troupes et de vaisseaux » de guerre, et sera obligée de rompre avec » l'agresseur deux mois après la réquisition » de la partie en guerre, et qu'ils agiront » de concert avec toutes leurs forces, afin » d'amener l'ennemi commun à un accommo- » dement raisonnable. »

Or, il est évident que la Hollande ne s'est point conformée aux termes de cette garantie. Minorque, « possession de la Grande-Bre- tagne, acquise par le traité, a été attaqué »; c'est là un des cas de la garantie. Par cette attaque, un traité conclu de concert, celui d'Utrecht, a été rompu; c'est le second cas de la garantie : et, par ce moyen, l'Angle- terre a été privée d'une possession qui lui appartenait de droit; c'est là le troisième cas de la garantie. Et, malgré tout cela, la Hol- lande n'a pas encore fourni les secours sti- pulés; et il s'est passé plus de deux mois sans qu'elle soit entrée en guerre, conjointement avec l'Angleterre, ainsi que l'exige le traité.

Mais on m'objectera peut-être, « que l'An-

» gleterre a été l'aggresseur dans la présente
» guerre, et, à moins qu'elle n'ait été atta-
» quée la première, que le cas des garanties
» n'existe point? » Il est vrai que les traités
qui contiennent ces garanties, ne sont appelés que défensifs : mais les termes, particulièrement ceux du traité de 1678, n'ex-
priment en aucune manière le point clairement
dans le sens de l'objection; ils garantissent en
général certains droits et possessions des deux
parties; et quand ils déclarent ce qui doit être
fait dans le cas où l'une d'elles est « attaquée
« ou molestée » à l'égard des objets garantis,
il n'est point fait mention, comme d'une
condition nécessaire, que ce doit être la première attaque. Si, néanmoins, nous admettons que les traités ont tous le sens que leur
donnent les auteurs de l'objection, l'évidence
des faits prouve suffisamment que la France
a été l'agresseur dans la présente guerre. Si
nous portons le regard sur l'Amérique, nous
voyons que la guerre, dans cette partie du
monde, n'est autre chose que la continuation
de la précédente. Des usurpations répétées
des possessions de la Grande-Bretagne, ont
été l'occupation constante de la France, pour
ainsi dire depuis le moment où le traité d'Aix-

la-Chapelle a été signé; et elles furent enfin suivies d'une attaque militaire sur un fort appartenant à la couronne de la Grande-Bretagne, attaque faite par des troupes régulières, ayant commission de la cour de France. Si nous regardons l'Amérique comme n'ayant aucun rapport à la question présente, on trouvera que la France a été également l'agresseur dans la guerre d'Europe; et si nous considérons la seule intention, la première intention hostile en Europe a été le projet de faire une invasion en Angleterre, suffisamment prouvée et avouée par les préparatifs faits par la France dans cette vue. Si, ensuite, nous cherchons le premier acte ouvert, nous le trouvons dans l'attaque faite sur l'île de Minorque. Et, en effet, l'opinion des parties intéressées a été que cette même attaque a été le commencement de la guerre européenne. Malgré tout ce qui s'est passé ailleurs, les propositions d'accommodement, à l'égard de la dispute d'Amérique, n'ont pas été discontinuées, et la guerre n'a été considérée comme générale qu'à l'époque de l'invasion de Minorque. Quant aux prises maritimes, elles doivent être regardées comme appartenantes à la guerre d'Amérique. Elles ont été faites en conséquence des hostilités commencées dans cette partie du monde, à titre de représailles pour les entreprises faites sur la propriété de la nation anglaise : c'est ainsi que les ministres britanniques se sont toujours expliqués à cet égard, et c'est par cette raison que la valeur des prises a été retenue, et que la législature a expressément refusé de la distribuer parmi les capteurs, ainsi qu'il en a été usé à l'égard de toutes les autres prises faites après que la guerre eût commencé en Europe. Mais quand même cette distinction, qui met la question hors de tout doute, n'eût pas été faite par le gouvernement britannique; ces prises ne peuvent certainement être considérées autrement que comme une partie de la guerre d'Amérique. Comme une pareille guerre exige toujours des secours envoyés d'Europe, il est absurde de supposer que, dans ce cas, les deux parties ne tâchent point, autant qu'elles le peuvent, de prendre ou de détruire entièrement les vaisseaux ennemis, par lesquels seuls les secours peuvent être convoyés. Les pays qui ont peu de forces intrinsèques, ne peuvent être défendus que par les troupes qui y sont conduites. Ainsi, pour déjouer les seuls moyens par lesquels cette défense peut être effectuée, ils doivent être considérés comme une partie matérielle de cette guerre, tout comme les moyens d'investir une forteresse sont une partie matérielle d'un siège. Mais enfin, quand l'exécution des garanties dépend de questions de cette nature, il ne sera, je pense, jamais difficile à un allié qui a le dessein de rompre ses engagemens, de trouver des raisons pour les éluder. Toutefois il est, en pareille occurrence, de son devoir de bien peser l'esprit de son alliance, et de considérer laquelle des parties a toujours montré le plus d'ambition, ou qui a le plus d'inclination et d'habileté à envahir les domaines de son voisin. Ce n'est pas la première action militaire, mais l'usurpation des droits d'autrui, ou un déni de justice qui, selon l'opinion des plus habiles écrivains, dénotent l'agresseur, et fixent le commencement de la guerre.

On fera peut-être une objection encore plus subtile contre ce qui vient d'être dit : on prétendra « que quoique la France ait été » l'agresseur en Europe, ce n'a été qu'en » conséquence des hostilités commencées » auparavant en Amérique, et avec lesquelles

» il est certain, d'après les traités, que la
» Hollande ne doit avoir aucun rapport, et
» que les droits contestés présentement ne
» sont point compris dans les garanties. »
Si les raisonnemens sur lesquels cette objection est fondée, étaient admis, ils suffiraient
à eux seuls pour détruire toute espèce de
garantie, et pour anéantir la confiance que
les nations ont les unes à l'égard des autres,
et qui est fondée sur la foi des alliances dé-
fensives : ils indiquent à l'ennemi une méthode certaine pour éviter l'inconvénient
d'une pareille alliance; ils lui indiquent le
point où il doit commencer son attaque,
pourvu que ses premiers efforts aient lieu
sur un point non compris dans la garantie:
il peut ensuite poursuivre ses vues contre
l'objet même de cette garantie, sans en
craindre les conséquences. Que la France
attaque d'abord quelque petit coin appartenant aux Hollandais en Amérique, leur barrière ne sera plus garantie; mais raisonner
ainsi serait se jouer des engagemens les plus
solemnels. L'objet propre des garanties est
la conservation de quelque pays particulier
possédé par quelque puissance. Les traités
sus - mentionnés promettent la défense des

domaines de chaque partie en Europe, simplement et absolument, dès qu'ils sont attaqués ou molestés. Si, dans la présente guerre, la première attaque a eu lieu hors de l'Europe, il est manifeste que long-temps auparavant une attaque a également été faite en Europe; et c'est-là, sans aucun doute, le cas des garanties.

Voyons cependant si nous ne pouvons pas découvrir l'opinion antécédente de la Hollande, sur un point de cette nature. On a déjà observé que l'alliance défensive entre l'Angleterre et les Provinces-Unies, conclue en 1678, n'est qu'une copie des douze premiers articles du traité fait avec la France, en 1662. Aussitôt après la signature de ce dernier, la Hollande fut engagée dans une guerre avec l'Angleterre. Alors l'attaque commença, comme dans le cas présent, hors de l'Europe, sur la côte de Guinée. Ainsi la cause de la guerre était la même, savoir : un droit contesté sur certaines possessions hors des limites de l'Europe, dont une partie est en Afrique, l'autre aux Indes orientales. Les hostilités ayant continué pendant quelque temps dans ces contrées, elles commencèrent ensuite également en Europe. Immédiatement après, la Hollande déclara que le cas de la garantie existait, et demanda les secours stipulés. Je n'ai pas besoin, pour le prouver, de produire les mémoires de ses ministres: l'histoire nous apprend suffisamment, que la France admit la réclamation, qu'elle accorda des secours, et qu'elle entra même en guerre pour la défense de son allié. Nous avons donc ici le sentiment de la Hollande sur le même article, dans un cas parfaitement semblable. Ainsi la France plaida en faveur de la même opinion, quoique sa condescendance arrêtât alors son jeune monarque dans le premier essai de son ambition, qu'elle différât de quelques mois son entrée dans les provinces espagnoles, et lui attirât l'inimitié de la Grande-Bretagne.

S'il pouvait encore rester quelque doute sur le sens et le but de l'article en question, on pourrait le lever par l'opinion du ministre qui l'a rédigé. Immédiatement après que la Hollande fut engagée dans la guerre dont il vient d'être fait mention, elle envoya en France M. *Van Beuningen* pour presser l'exécution de la garantie qu'il avait lui-même conclue. Il est à remarquer que dans ses conversations sur ce sujet, avec M. de *Lionne*,

la même objection que je discute fut débattue.
M. *Van Beuningen* la traita avec beaucoup
de mépris; il demanda à M. de *Lionne* si
la prétention que la guerre d'Europe ne
devait être considérée que comme la continuation de celle d'Afrique, était ce que les
Anglais seuls alléguaient pour priver les Hollandais du secours de la France; ou bien si
le ministère de France entendait la mettre
en avant comme un moyen admissible (1),
M. de *Lionne* donna d'abord à entendre
qu'il croyoit cette circonstance de quelque
poids; « à quoi je répondis », dit M. *Van
Beuningen*, « que je ne croyais pas que cette
» objection fût sérieuse, puisqu'il dit alors,
» que celui qui a commencé la guerre en
» Guinée, et de là en Europe, n'a pas com-
» mencé de guerre en Europe, et ne pou-
» vait passer pour troubler la paix et le
» commerce en Europe, parce qu'il l'avait
» troublé ailleurs auparavant »; et ensuite
le ministre hollandais continue : « ce que j'a-
» joutai à ce raisonnement, pour réfuter cette
» objection, resta sans réplique ». C'est ce
même ministre qui négocia notre traité défensif de 1678; il rendit les termes des deux

garanties absolument uniformes ; et nous avons déjà fait voir que le cas où nous nous trouvons présentement, est exactement le même que celuisurlequelnous avons produit son opinion.

Si toutefois les termes de ces traités eussent été en contradiction avec l'interprétation qui leur a été donnée, j'en aurais appelé à l'esprit même comme étant un fondement suffisant pour établir mon opinion. Tout le but de nos alliances avec la Hollande, c'est de former une barrière contre la puissance des royaumes dont l'ambition pourrait les engager à anéantir l'indépendance de l'Europe ; ils sont dans le fait une continuation de la politique qui donna naissance à la triple alliance, lorsque le dangereux esprit des conseils de la France commença à se manifester. Pour répondre à ce grand but, les alliés garantirent les possessions des deux pays maritimes qui, par leurs richesses, leur force intérieure, et par l'impossibilité où elles étaient d'avoir des vues ambitieuses, offraient la meilleure sûreté contre les desseins des autres. Mais les obligations résultantes de ces garanties étant trop considérables pour en faire usage dans des occasions insignifiantes, les parties contractantes convinrent d'une exception : les droits des états européens dans les contrées éloignées de la terre, et particulièrement en Amérique, sont très - incertains, et causent de fréquentes dissentions ; d'ailleurs on sait très-bien que la guerre y était établie durant plusieurs années entre les compagnies commerçantes des différentes nations, tandis que leurs mères-patries vivaient, si non en amitié, du moins en paix. C'est donc là le cas particulièrement excepté de la garantie ; mais cette exception doit toujours être interprêtée de manière à s'accorder avec la principale intention de l'alliance. Si quelque grande contrée hors de l'Europe devenait d'une telle importance que, pour l'intérêt même de l'Europe, elle dût demeurer dans les mains des possesseurs actuels ; si le même perturbateur du genre-humain, après beaucoup de tentations infructueuses dans son propre voisinage, tournait ailleurs sa pensée, et tâchait, par des diversions éloignées, d'affaiblir la puissance sur la considération de laquelle repose en grande partie la sûreté publique, et de la priver des sources de ses richesses, qu'elle a toujours employées si largement au soutien de la cause commune ; un généreux ami, pé-

nétré de l'esprit de ses engagemens, pourrait-
il dire que le cas de la garantie n'existe point ?
et lorsque le motif de l'exception a disparu ,
l'attaquera-t-il pour abandonner le point principal sur lequel est fondée l'alliance ? Mais si
à cette tentative éloignée l'ennemi ajoutait
une guerre ouverte et avouée en Europe , s'il
menaçait la mère-patrie d'une invasion , s'il
attaquait ses forteresses, et prenait de là occasion d'étendre ses armées sur le Continent ,
pourra-t-on encore alléguer cette prétendue
exception, tandis que le cas de la garantie
existerait littéralement ? Fondé sur un aussi
foible moyen, un peuple sage prétendra-t-il
non seulement refuser son assistance , mais
aussi interdire à son allié abandonné le droit
d'user de toute sa puissance , en retenant son
bras lorsque celui-ci ne l'avance pas , et en
faisant cesser à son égard un privilége fondé
sur un contrat qu'il a rompu, et qu'il employe-
rait à la destruction de son allié déçu ? L'ab-
surdité est aussi visible que choquante ; et tel
est néanmoins le cas où se trouve la Grande-
Bretagne. Malheureuse dans ses amitiés ! elle
n'a ni l'assistance que lui doivent ses alliés , ni
la faculté de déployer ses propres forces, quoique livrée à sa propre défense.

On pourrait raisonner de cette manière ; si l'article sur lequel la Hollande fonde son droit de protéger la propriété de l'ennemi, eût été en vigueur au commencement de la présente guerre ; mais j'espère faire voir au contraire, que tant qu'il a rapport au cas présent, il était révoqué depuis long-temps. Le traité où cet article a été inséré pour la dernière fois, est celui conclu le 1ᵉʳ décembre 1674. Quatre années après (1678) fut conclue l'alliance défensive dans laquelle il fut stipulé entre l'Angleterre et la Hollande : « Que si l'une des deux parties est attaquée » en Europe, l'autre doit déclarer la guerre » à l'agresseur deux mois après en avoir été » requis ». Ainsi, en vertu de ce traité, deux mois après que l'Angleterre a été attaquée par la France, en Europe, la Hollande devait devenir son ennemi aussi bien que l'Angleterre ; et être l'ennemi d'autrui signifie certainement nuire à son commerce, et saisir sa propriété, et non conserver le premier , et protéger celle-ci. Ainsi si c'est là la véritable interprétation du mot *ennemi*, cet article déclare directement et positivement , que deux mois après que la France aura attaqué les possessions européennes de l'Angleterre, les vaisseaux hollandais ne devront point avoir le droit de protéger les effets des Français. Le traité de 1678 est donc dérogatoire à l'article 8 de celui de 1674, et comme il est postérieur, il le révoque absolument. Dans toutes les lois (et c'est là le caractère des traités entre nations) la dernière abolit les précédentes en tant qu'elles sont discordantes. Cicéron dit qu'il faut considérer « *utra lex posteriùs sit* » *lata, nam postrema quœque gravissima* ».

Mais cette maxime n'est point nécessaire dans cette occasion, puisque le même article est encore rappelé dans les termes les plus positifs par deux traités subséquens ; en effet, dans celui par lequel on renouvela, immédiatement après la révolution, toutes les anciennes alliances entre les puissances maritimes, de même que dans celui du 6 février 1716 par lequel elles furent de rechef renouvelées après l'accession au trône de la famille régnante, ceux de 1674 et de 1678 sont expressément rappelés comme en faisant partie, et on déclara : « Qu'ils doivent avoir la même » force et le même effet que s'ils étaient insé- » rés de mot à mot dans ces mêmes traités, » c'est-à-dire, en tant qu'ils n'en diffèrent » ou n'y sont contraires, mais en telle sorte

» que tout ce qui a été établi par un traité
» postérieur, doit être entendu et exécuté
» dans le sens y exprimé sans égard à aucun
» traité antérieur. » D'après cela peut-on
douter que les articles sus-mentionnés ne
soient contraires l'un à l'autre autant que la
guerre et la paix, autant que l'amitié et l'inimitié ! L'alliance défensive de 1678 n'est-elle
pas postérieure au réglement maritime de
1674 ? et l'article de ce dernier ne doit-il pas
être expliqué conformément au sens du premier sans aucun égard à celui qui l'a suivi ?
Par conséquent l'article en question, en tant
qu'il a rapport au cas présent, a été rappelé
deux fois (1689). Ainsi ce qui vient d'être dit
suffit pour faire voir que relativement à notre
objet le droit de la Hollande est éteint (1).

----

(1) M. *Jenkinson* est entré dans un grand détail
pour prouver, 1° que la France a été agresseur dans
la guerre de 1755 ; 2° qu'une querelle particulière en
Amérique, si elle s'étend en Europe, donne lieu aux
garanties restreintes à cette partie du monde ; 3° que
les Hollandais étaient obligés dans ce dernier cas de
remplir les stipulations énoncées dans leurs traités
d'alliance ; 4° que faute d'exécution des traités d'alliance, le traité de commerce conclu séparément doit
être considéré comme annullé ; 5° qu'au défaut de

Il reste encore à examiner une réclamation
qui, s'il n'était pas avéré qu'elle a été faite,

---

traité, les Hollandais ne pouvaient point jouir du pri-
vilège de protéger les effets ennemis.

Nous ne nous occuperons pas à rechercher qui a
été l'agresseur dans la guerre de 1755, parce que
cette cause est jugée depuis long-temps. Nous n'exa-
minerons pas davantage si le *casus fœderis* existait à
l'égard de la Hollande, et si faute d'avoir exercé la
garantie stipulée dans les traités d'alliance de 1678 et
suivans, celui de commerce a été anéanti de droit.
Nous obserserons seulement deux choses, 1° qu'un
traité n'est pas annullé quand l'obligation de l'exécuter
n'existe pas; et que l'annullation n'existe en aucun
cas *ipso facto*, mais doit être dénoncée par la partie
qui réclame contre la non exécution; 2° qu'un traité
qui n'est ni la base, ni la conséquence d'un autre,
continue de subsister, quoique celui-ci soit devenu
caduc; 3° que l'Angleterre a si peu regardé les traités
de 1674 et 1678 comme annullés, qu'au commencement de la guerre d'Amérique (en 1778), elle réclama formellement l'exécution du dernier, et demanda la modification du premier à l'égard des munitions navales seulement. Ce dernier fait détruit tout
le système de M. *Jenkinson*. Ajoutons que la cour
de Londres éprouva un refus sur les deux points, et
que c'est depuis cette époque que tous les liens politiques entre l'Angleterre et les Provinces-Unies ont
été rompus, et que la Hollande est devenue l'alliée
de la France jusqu'à l'époque de la révolution arrivée
dans les Provinces-Unies.

ne mériterait aucune réponse. Les couronnes du nord, dont les traités de commerce avec la Grande-Bretagne ne renferment aucun article qui leur donne expressément le droit de transporter la propriété de l'ennemi , ont tâché de déduire ce droit de la stipulation générale qu'on trouve dans quelques-uns de leurs traités, portant : « qu'elles doivent être traitées » de la même manière que la nation la plus » favorisée. » Et parce que la Grande-Bretagne a accordé par des traités à quelques nations, le droit d'être, en temps de guerre, les voituriers de ses ennemis, elles s'efforcent d'inférer de là, qu'elles doivent être admises à la même faveur. A cela on pourrait répliquer très-brièvement, que les traités sur lesquels on se fonde n'existent plus , et que si le droit qu'on prétend en tirer était juste, il tomberait avec le titre sur lequel il serait fondé. Mais la stipulation de l'égalité de faveur ne peut avoir de rapport qu'avec les avantages accordés aux commerçans étrangers par la loi municipale ou les ordonnances de chaque pays, tels que l'égalité des droits d'entrée, l'exemption de la rigueur des lois anciennes qui les concerneraient en qualité d'étrangers, et le privilége d'avoir des juges-

conservateurs et des consuls : ce sont là proprement des objets de faveur ; et comme
il serait difficile de les spécifier dans un traité,
on les comprend en masse dans un article
général. Si les droits concédés par des traités
étaient compris parmi les objets de cette spé-
culation générale, à quel propos y ajouterait-
on d'autres articles, puisqu'elle les contien-
drait tous, de même que tous les priviléges
passés et futurs ? et peut-on supposer qu'une
nation ait l'intention de se priver de cette
manière de la faculté d'échanger, par un traité
avec quelque pays en particulier, quelqu'un
de ses droits contre un avantage équivalent ?
ou qu'en pareil cas ce même droit ait été sacrifié en faveur des sujets de toute autre nation ;
qui en recueillerait ainsi le fruit, sans avoir
participé au marché ? Mais ce point est éclairci
au-delà de tout doute par les termes mêmes
des traités où cette égalité générale est stipulée. Dans le traité de commerce entre la
Grande - Bretagne et la Suède, du 21 octobre 1661, le seul actuellement en vigueur
entre les deux pays, le quatrième article,
qui contient cette stipulation, la rapporte
clairement aux seules faveurs dont on peut
jouir en matière de commerce dans les do-

maines respectifs ; le traitement que les parties contractantes doivent accorder à leurs sujets respectifs, est le principal objet de l'article ; il spécifie plusieurs points particuliers ; il y est stipulé entr'autres choses : « Que les » sujets des deux pays auront la liberté d'importer et d'exporter leurs marchandises à » discrétion, les droits de douanes étant toujours acquittés, et les lois et ordonnances » des deux royaumes étant universellement » observées ». Et liant ensuite cette disposition avec ce qui suit, il ajoute : « Lesquelles » choses étant présupposées, ils jouiront des » privilèges, exemptions, libertés ou immunités dont jouit ou doit jouir tout étranger » quelconque ». Ainsi l'égalité générale stipulée dans cet article, n'a évidemment de rapport qu'aux places où les droits de douane de ces pays doivent être payés, et où les lois et les ordonnances sont en vigueur : et ceci n'a lieu qu'en dedans des domaines respectifs. Les priviléges concédés ne sauraient avoir une plus grande extension ; et, pour rapprocher davantage le sens de l'article de l'explication qui vient d'en être donnée, les mots, « dans » les domaines et royaumes de part et d'autre » sont répétés deux fois, afin de déterminer clairement où doit être exercé le commerce auquel seul on entend accorder cette faveur. Cependant s'il pouvait rester quelque doute à l'égard de cette interprétation , ceux qui ont conclu le traité ont donné la plus forte preuve que sous cet article ils n'ont jamais eu l'intention d'établir le droit de transporter la propriété d'un ennemi , puisque, par le 12e article du même traité , toute tentative de cette nature est déclarée être « un crime haineux » et qu'on a pris les plus grandes précautions pour le prévenir. Dans le traité de commerce entre la Grande-Bretagne et la Russie (2 décembre 1734) la stipulation relative à l'égalité de faveur est exprimée dans plusieurs articles ; mais elle n'est relative qu'aux priviléges particuliers accordés aux sujets respectifs commerçans dans l'intérieur des domaines des deux souverains. Il est dit expressément dans le second article, que cette égalité est accordée « dans les domaines des parties contractantes en Europe ». Le troisième article n'a rapport qu'à « la réception favorable des sujets des deux parties contractantes dans les ports respectifs ». L'article XIV n'accorde une liberté égale que pour l'importation « des marchandises accordées aux sujets de tout autre pays »; et le vingt-huitième article ne fait mention que des égards et du traitement que doivent recevoir les sujets d'une des parties qui se trouvent dans les domaines de l'autre. Dans le traité de commerce entre la Grande-Bretagne et le Danemark , du 29 novembre 1669 , le seul qui soit en vigueur, il ne se trouve aucun article qui accorde même cette égalité de faveur ; mais le vingtième article déclare expressément, que c'est une chose illégale et injurieuse de protéger les effets des ennemis de part et d'autre , et il stipule tous les moyens possibles pour l'empêcher. Il n'est pas nécessaire , je pense , d'en dire davantage pour réfuter cette dernière et très-faible prétention au droit de transporter librement la propriété des ennemis de la Grande - Bretagne (1).

---

(1) L'interprétation de M. *Jenkinson* est parfaitement juste ; et il aurait pu ajouter que la stipulation générale concernant les faveurs qu'on accorde, s'étend d'autant moins au-delà des domaines respectifs des parties contractantes , qu'il n'est question que du commerce réciproque de leurs sujets , tandis que les stipulations concernant la navigation en temps de guerre ne concernent que les nations belligérantes. Si donc un souverain en guerre maintient les rapports com-

Ainsi , comme il n'existe aucun article présentement en vigueur qui accorde un droit
de cette nature aux puissances neutres , il est
nécessaire de faire voir que la plupart des
prises faites par l'Angleterre , ne doivent point
être rapportées à ce qui vient d'être dit , mais
qu'elles peuvent être justifiées par une autre
partie du même traité où il est dit : « Que tous
» les effets conduits dans une place bloquée
» ou investie , sont de contrebande ». Ici le
débat peut avoir pour objet l'existence réelle
du blocus. Pour l'expliquer , je pourrais citer
l'opinion que des Hollandais eux - mêmes
avaient d'un blocus naval , en 1689, lorsqu'ils
déclarèrent publiquement aux nations neutres

---

merciaux avec un état neutre énoncés dans un traité ,
il satisfait pleinement à son engagement. Ses procédés
relatifs à la navigation en tems de guerre , dépendent
ou de stipulations particulières, ou de règles établies
par le droit des gens ; et ce sont ces mêmes règles que
les couronnes sont en droit d'invoquer indépendamment de toute convention ; car les conventions entre
nations ne sont pas d'une autre nature que les contrats
entre particuliers : ils constituent des obligations contractées volontairement ; mais là où il n'en existe pas,
c'est la loi commune qui ordonne ; or, la loi commune
des nations c'est le droit des gens.

qu'ils avaient le dessein de bloquer tous les ports de France. Je pourrais observer que comme la possession des principales avenues d'une ville constitue le blocus par terre, et qu'il n'est point nécessaire pour remplir cet objet, d'avoir fait une ligne complète de circonvallation; de même en tenant de grandes escadres de vaisseaux de ligne, croisant constamment devant les ports de l'ennemi, détruisant de cette manière totalement son commerce, et empêchant la sortie de ses flottes, sauf parfois celle d'un ou deux vaisseaux qui s'échappent furtivement, un blocus doit certainement être considéré comme complètement établi par mer. Je pourrais de plus prouver la cause par ses effets, et faire voir que du moins les îles américaines ont expérimenté toutes les conséquences de cette situation, où le défaut de communication avec la métropole, la détresse et la famine démontrent qu'elles ont été investies. Mais comme cette doctrine ne pourrait peut-être pas s'adapter aux circonstances de chaque prise, et qu'elle dépend de l'état particulier d'une grande variété de faits, je ne m'y arrêterai pas plus long-temps quant à présent. La question, à ce que j'espère, a été suffisamment établie sur des principes simples et clairs, sur les réglemens équitables que la nature a établis parmi les nations, et sur les contrats particuliers par lesquels les états se sont engagés réciproquement. Et comme j'ai tâché précédemment de prouver que les nations neutres n'ont aucun droit, par les premières de ces obligations, de protéger la propriété de l'ennemi (1), de même j'ai fait voir par quelle politique les Hollandais ont les premiers obtenu ce privilége; par quels traités il leur a ensuite été enlevé, et par quelle conduite ils ont perdu en dernier lieu ce qui pouvait encore subsister de ce droit. Je me flatte également d'avoir fait voir qu'aucune autre des puissances neutres, sous le prétexte de quelqu'article de leurs traités de commerce, ne peut justement réclamer un pareil droit. Ainsi, tout considéré, je demande la permission de conclure que la puissance navale de l'Angleterre a été conduite, durant la présente guerre, avec autant de justice que de zèle, et que la foi de notre souverain est sans tache autant que

----

(1) Comme on a nié les prémisses, il est naturel de rejeter la conséquence. *Voyez* t. 1, ch. IX, p. 103.

son courage , et que l'honneur de notre pays est intact.

La base d'une juste plainte étant ainsi mise à l'écart, les vaines clameurs auxquelles elle a servi d'appui ne méritent, en aucune manière, notre attention.

Imputer à l'Angleterre de l'ambition, doit paraître aussi absurde à tous ceux qui comprennent la nature de son gouvernement, qu'aux yeux de la raison cela doit paraître une calomnie plutôt qu'une accusation. Jouissant de tous les avantages qu'un gouvernement civil peut procurer, elle n'est exposée à aucune tentation par laquelle l'ambition pourrait la séduire ; des poursuites de ce genre pourraient opérer la destruction de sa constitution, et son système de bonheur pourrait être subverti par l'augmentation de sa puissance. L'intérêt de l'Angleterre doit constamment être de protéger les justes droits du commerce, et de soutenir les principes qui favorisent les travaux du genre humain, puisqu'elle-même ne peut être grande que par la vertueuse industrie de son peuple. C'est vers la plus grande extension de cette industrie que doit tendre toute sa politique ; et si jamais, abandonnant ces maximes, elle cherchait à augmenter sa puissance par des actes d'une ambitieuse injustice, puisse-t-elle alors cesser, pour le bonheur de la race humaine (1), d'être plus long-temps grande et puissante ! Ses cours de juridiction maritime sont plus sagement calculées pour la conservation de la liberté de la navigation, que celles de tous les autres pays. Comme elles ne sont pas assujéties au contrôle du pouvoir exécutif, les passions du prince ou de ses ministres ne peuvent jamais influencer leurs décisions ; et les commerçans étrangers ont, en faveur de leur propriété, toute la sûreté que la nature des choses peut admettre, la conscience d'hommes sages prononçant sur des matières de droit, que les menaces du pouvoir ne sauraient atteindre, affecter, et qui sont affranchis, autant qu'il est possible,

----

(1) Ces sentimens font honneur à la politique et au patriotisme de M. *Jenkinson*; mais la paix de 1763 a prouvé qu'ils n'ont pas influé sur les déterminations du cabinet britannique. Je me rappelle à cette occasion ce que le célèbre *Bacon* dit au duc de *Buckingham* sur le danger pour la Grande-Bretagne d'étendre ses domaines au dehors. On se rappela en Angleterre, en 1782, ce salutaire et inutile avis, lorsqu'il fallut abandonner les colonies américaines.

de toute partialité. Et pour l'honneur des savans personnages qui président aujourd'hui ces cours, je dois exprimer ici un témoignage impartial en leur faveur : il est impossible de dénier quelques irrégularités qui ont lieu au milieu de la confusion de la guerre; mais il est impossible de les prévenir entièrement : elles sont les conséquences de toutes les guerres. Pour détruire le commerce de l'ennemi, il est nécessaire d'employer des corsaires qui ne peuvent point toujours être contenus par les règles strictes auxquelles est assujétie une force plus régulière : ces hussards maritimes excèdent quelquefois leurs commissions, et sont coupables de désordres dont les auteurs ne peuvent point toujours être punis, parce que la nature du fait en rend la découverte difficile. Mais leurs crimes peuvent-ils être imputés aux ministres, dont les oreilles sont toujours ouvertes aux plaintes, et qui s'occupent, autant qu'il est possible, à y satisfaire? Les corsaires anglais sont assujétis à tous les freins que la police navale a inventés jusqu'à présent, pour les forcer de se conformer à leur devoir. Si, néanmoins, ces moyens sont jugés insuffisans, et si l'on peut en découvrir de plus efficaces pour prévenir toute injuste déprédation qui augmente les maux de la guerre ; j'ai la confiance de croire que la Grande-Bretagne sera la première à les adopter, pourvu qu'ils soient compatibles avec sa puissance navale ; et s'ils sont conformes à la justice, la législature les érigera en loi, et le ministère britannique en surveillera l'exécution avec fermeté.

Mais, après tout, on ne saurait s'attendre que les réglemens les plus sages, dans des occasions telles que celle-ci, puissent pleinement répondre au but proposé. Le système d'humanité n'est nulle part parfait ; mais sa faiblesse est plus apparente à l'égard des nations : les douces impressions des affections naturelles ont parmi elles peu d'effets ; et il n'existe aucun lien coërcitif de pouvoir pour régler et contrôler leurs passions.

C'est de la vertu seule du gouvernement que dépend la prospérité générale : les traités n'ont pas de meilleur sanction que celle que peut leur donner cette vertu. Tels sont les principes par lesquels j'ai commencé mon discours : c'est par ces principes que les conducteurs des états apprennent à corriger, autant que cela est possible, par leur prudence, ce que la nature a laissé imparfait. Si l'ambition ou l'avarice augmentent le mal, la modération peut le prévenir : tout petit inconvénient doit être supporté avec patience, lorsqu'un droit supérieur le rend nécessaire. L'amour de notre pays ne doit jamais nous porter à agir contrairement à cet amour que nous devons porter au genre humain, puisque les deux intérêts, s'ils sont poursuivis avec exactitude, seront toujours consistans l'un avec l'autre (1).

Note qui se trouve dans l'Édition anglaise.

Ce pamphlet a été écrit par le très-honorable Charles *Jenkinson*, présentement secrétaire de la guerre, et publié en l'année 1758, époque où un grand nombre de vaisseaux hollandais furent saisis par l'ordre du gouvernement britannique. Quelques années antérieures à cette époque, M. *Jenkinson*

---

(1) C'est au lecteur à appliquer ces sages et vertueuses réflexions à la conduite de l'Angleterre dans la guerre actuelle.

s'était fait remarquer dans l'élection contestée pour le comté d'*Oxford* entre *Wenman* et *Dashwood*, *Darsker* et *Turner* : il écrivit en faveur de *Whigs*. Après la publication de son pamphlet, le lord *Harcourt* le recommanda à M. George *Grenville*, alors trésorier de la marine. M. *Grenville* le présenta au duc de *Newcastle* (alors premier ministre); mais comme il n'y avait aucun emploi vacant, le duc lui assigna une pension annuelle de 200 livres sterlings pour écrire son pamphlet, pension qu'il touche encore (1772).

Le chapitre XXV (t. 1, p. 290) traite de la neutralité armée convenue entre les trois puissances du nord en 1780; et nous y avons indiqué l'événement politique le plus important auquel cette convention donna lieu, c'est-à-dire, l'accession des Provinces-Unies des Pays-Bas. Cette accession, comme on l'aura vu, devint illusoire par les intrigues du cabinet britannique (1), et par la faiblesse des cours de Saint-Pétersbourg, de Stockholm

---

(1) *Voyez* l'écrit ayant pour titre : *Mémoire sur la neutralité armée maritime*, etc., par le comte de Goertz. Paris, 1805.

et de Coppenhague. Cette faiblesse, on ne saurait se le dissimuler, fit crouler, en faveur de la Grande-Bretagne, un système qui était un acheminement vers les principes fondamentaux de la liberté des mers, et qui aurait pu devenir la base d'un code maritime pour tous les états européens. En sacrifiant la Hollande à leur crainte de se compromettre avec le gouvernement britannique, les trois cours du nord décréditèrent leur louable système, et leur convention ne fut plus qu'un simple essai.

Le gouvernement britannique, dont ce même système contrariait ce qu'en politique on nomme *arcanum domûs*, s'efforça de le détruire dès son origine, et l'accession des Provinces-Unies lui en fournit l'occasion : l'astuce et la mauvaise foi furent les véhicules par lesquels elle parvint à son but ; et les cours du nord se laissèrent prendre au piège, au détriment de leur dignité et de leur intérêt. En concluant leur convention, elles avaient perdu de vue ce grand principe, qu'avant d'entreprendre une chose, il faut se bien consulter sur la résolution et sur les moyens de la soutenir : *Quid valeant humeri...*

Pour mettre le lecteur en état de juger cette grande cause , nous croyons bien faire en mettant sous les yeux des pièces principales du procès. Telles sont 1º le mémoire présenté aux États - Généraux par le chevalier *York*, ambassadeur d'Angleterre, pour demander la réformation du traité de commerce de 1674, et les secours stipulés par celui de 1678; 2º le manifeste ou déclaration de guerre de la Grande-Bretagne; 3º le contre-manifeste des États-Généraux. Ces pièces appartiennent essentiellement à l'histoire politique du dix-huitième siècle , surtout à celle du gouvernement britannique.

En analysant ces pièces , on verra, d'un côté, avec quelle bonne foi le ministère anglais a prétendu dénaturer un traité d'après sa convenance ; de l'autre , avec quelle dextérité et quelle véracité il a cherché à éluder le véritable état de la question. Le gouvernement britannique , conséquent dans sa marche , a supposé aux Hollandais des torts étrangers aux principes de la neutralité armée, afin de fournir par-là aux trois cours qui ont non-seulement agréé, mais aussi provoqué l'accession des États-Généraux, non des moyens fondés en raison, mais des prétextes pour éluder leurs engagemens. On ne saurait trop le répéter, la conduite de la cour de Londres, dans cette occurrence, est un modèle classique d'astuce et de perfidie, comme celle des trois cours du nord en est un de foiblesse et d'inconséquence. En dernier résultat, on verra que celles-ci, après avoir mis beaucoup d'appareil à leur convention philantrophique, se sont bornées à une velléité de liberté, tandis qu'avec de la persévérance et de la fermeté, elles auraient, dans les conjonctures d'alors, donné la loi et sauvé leur réputation. Le Danemark fut la victime d'un systême bien conçu, mal digéré et encore plus mal soutenu.

PRÉCIS

*Du Discours tenu par M. le chevalier
York, dans la conférence avec les
députés des États - Généraux, le 2 novembre 1778.*

Leurs Hautes-Puissances auront vu par la
réponse de S. E. Mylord, comte de *Suffolk*,
l'un des principaux secrétaires d'état du
roi, remise à M. le comte de *Welderen*,
le 19 du mois passé, les preuves les plus
convaincantes de l'amitié du roi pour elles.
Après l'exposé fidèle de la conduite hostile
et inouie du roi très-chrétien, on a expliqué ce qui a donné occasion à l'apparente
irrégularité dans la conduite de l'Angleterre
à l'égard des vaisseaux des puissances neutres,
navigant vers les ports de France, occa-
sionnée par la nécessité de se défendre contre
un ennemi qui a toujours agi par surprise.

La modération et l'équité du roi n'ont
pas voulu permettre à S. M. de laisser souffrir
les sujets de leurs Hautes-Puissances, dès le
moment qu'il a été possible de l'empêcher;

c'est pour cette raison que le roi a fait déclarer ses intentions de faire relâcher les vaisseaux hollandais, sous les conditions les plus amicales et les moins désavantageuses que les circonstances de sa situation le permettent.

La guerre cependant continue, et l'ennemi actif n'omet rien pour la pousser ; ce qui met le roi dans l'obligation de se précautionner contre ses desseins dangereux : malgré cela, pour y impliquer ses bons voisins et alliés, le moins que possible ; malgré les menaces de la France, de faire des invasions dans les royaumes et territoires de S. M., ayant assemblé des armées nombreuses sur les côtes pour cet effet ; le roi s'abstient encore de sommer L. H. P. sur les secours, que les traités les plus clairs et les plus solemnels les obligeraient de donner sur une réquisition de sa part, et nommément le traité de 1678 et l'article séparé de 1716. Elle se borne, pour le présent, à exposer l'état des affaires, les motifs de sa conduite et l'obligation dans laquelle elle se trouve, de songer à sa propre défense et à la conservation de ses royaumes : c'est dans cette vue seule , que S. M. m'ordonne de proposer à L. H. P. de vouloir bien entrer en conférence avec son ambassadeur sur les moyens de régler à l'amiable ce qui convient de faire, pour l'avenir, à l'égard des articles lesquels, à moins de vouloir s'abandonner à la discrétion de son ennemi, il n'est pas possible de lui permettre de recevoir tranquillement.

Il ne pourra pas avoir échappé aux lumières de L. H. P., que milord comte de *Suffolk*, en expliquant à M. le comte de *Welderen* les sentimens du roi, donne clairement à connoître que Sa Majesté désire sincèrement de respecter les traités, pour autant qu'ils ne tendent pas directement à l'exposer à un danger imminent; que ce n'est nullement son intention ni son désir de troubler le commerce hollandais usité pour la France, à l'exception des munitions de guerre et navales , et cela même avec toute l'équité , et j'ose dire, avec toute la générosité possible.

J'ai pris donc, en conformité de mes ordres, la liberté de solliciter cette conférence pour vous demander si , en conséquence de la réponse communiquée par M. le comte de

Welderen, L. H. P. ont pris une résolution d'ouvrir des conférences avec moi, et de vous prier d'assurer L. H. P., qu'autorisé par les sentimens du roi, et disposé par une résidence de vingt-sept ans auprès d'elles, L. H. P. trouveront en moi toutes les facilités et tous les égards possibles; et que je me flatte de les convaincre dans la suite, que quelque tournure qu'on affecte de donner à la conduite de ma Cour, elle est fondée sur la justice, la modération et la nécessité de notre situation.

En attendant la décision de L. H. P. sur ce que je viens d'exposer, j'ose me flatter, que leur équité reconnue et leur amitié pour le roi, dont elles viennent de donner récemment par leur envoyé auprès de S. M. de nouvelles assurances, les engageront à ne point autoriser leurs sujets à transporter, sous couvois, en France, des munitions navales, qui sont l'objet le plus dangereux pour la sûreté de la Grande-Bretagne.

Le ton affectueux qui règne dans cette pièce, la modération qu'elle annonce, la

15.

violence que la cour de Londres semble s'être faite lorsqu'elle a ordonné la saisie d'un assez grand nombre de bâtimens hollandais, et celle qu'elle éprouve en ne faisant pas justice à cet égard ; tout cela offre un singulier contraste avec l'objet direct de M. le chevalier *York* : il s'agissoit, d'un côté, d'entraîner les Hollandais dans une guerre étrangère à leurs engagemens, et de les engager à changer un traité qui subsistait depuis plus d'un siècle , c'est-à-dire , qu'on exigeait des États-Généraux une démarche qui non seulement aurait porté atteinte à l'immunité de leur pavillon et à leur prospérité commerciale, mais qui les aurait mis immédiatement dans un état hostile à l'égard de la France. C'était là sans contredit le but réel du cabinet de St.-James ; et ce but n'est pas dissimulé dans le discours du chevalier *York*. Les Hollandais évitèrent le piège, et ils espéraient que leur neutralité serait respectée en s'unissant aux trois cours du nord , qui venaient de conclure leur convention de 1780.

L'Angleterre ne regarda point, à l'égard de ces cours , leur convention comme hostile : son ressentiment ne frappa que sur les Provinces-Unies. Ce fait me semble digne de remarque.

La pièce suivante fut le complément des intrigues anglaises ; et le style dans lequel elle est conçue, fait un singulier contraste avec le discours du chevalier *York*.

MÉMOIRE OFFICIEL

Remis aux États-Généraux par le Chevalier York, le 22 juillet 1779.

DEPUIS que la France, par sa déclaration faite à Londres, le 15 mars de l'an passé, a achevé de développer ses vastes et dangereux desseins, que le pacte de famille avait déjà annoncés à l'Europe, celle-ci a été témoin de la conduite sage et modérée du roi de la Grande-Bretagne, qui a tâché d'éloigner le fléau de la guerre, évitant, autant que possible, d'y envelopper ses voisins et alliés.

Une conduite pareille, fondée sur la modération la plus marquée, parut avoir enhardi la cour de Versailles au point, qu'après avoir perfidement encouragé des sujets rebelles sous le masque trompeur de la liberté du commerce et de l'indépendance, elle a plongé le poignard dans le sein de leur patrie.

Non contente d'un procédé aussi hostile, la France vient encore, après avoir entraîné l'Espagne dans ses vues, sans aucune querelle nationale, et sans même pouvoir alléguer aucun motif plausible pour colorer sa conduite, de faire éclater de plus en plus ses projets dangereux contre la Grande-Bretagne, et d'annoncer avec tout l'appareil impérieux de son ambition reconnue, une invasion dans les îles britanniques.

A la nouvelle de ces préparatifs extraordinaires et multipliés, V. H. P. auront d'avance justifié les instances pressantes et réitérées que le roi de la Grande-Bretagne n'a pu se dispenser de leur faire au sujet des munitions navales, et se trouveront par le danger notoire de l'Angleterre justifiées pleinement vis-à-vis de cette partie de leurs sujets, qui réclame contre toute restriction que l'amitié et la justice sollicitent également en faveur de la demande de ma cour.

Mais les moyens qui ne sont dans le fond que des palliatifs pour prévenir un mal futur, ne sont plus de saison ; le danger est devenu pressant ; le remède doit être prompt. Les stipulations d'un traité fondé sur l'intérêt du commerce seul, doivent céder à celles qui sont fondées sur les intérêts les plus chers aux deux nations.

Le moment est venu pour décider si la Grande-Bretagne, qui a tant répandu de sang et de trésors pour secourir les autres, et pour maintenir la liberté et la religion, n'aura d'autres ressources contre la malice et l'envie de ses ennemis, que son courage et ses propres forces, si elle était abandonnée par ses plus anciens amis et alliés aux vues ambitieuses de la maison de Bourbon, qui veut tout écraser pour dominer sur tout, et si l'Europe en général et V. H. P. en particulier voyaient avec indifférence établir un système, qui détruirait évidemment cet équilibre qui est le seul garant de la sûreté de leur commerce, de leur existence même.

Le roi, hauts et puissans seigneurs, a une trop haute opinion des lumières, de la bonne foi et de la sagesse de la république, pour douter un moment des sentimens de V. H. P. en pareille occasion : une nation dont les fastes ne contiennent presque que le récit des dangers que l'ambition de la France a fait naître successivement, dont les beaux jours sont marqués par l'union avec l'Angleterre; une nation enfin accoutumée à exiger l'exécution littérale et rigoureuse d'un traité onéreux, a trop de générosité pour manquer à ceux qui ont réuni les intérêts des deux nations depuis plus d'un siècle.

C'est dans cette persuasion , jointe à ce qu'il y a de plus sacré entre les hommes , que le soussigné ambassadeur extraordinaire et plénipotentiaire du roi de la Grande - Bretagne , a , par ordre exprès , l'honneur de notifier à V. H. P. que le danger qui menace ses royaumes , met sa majesté dans le cas de réclamer , sans perte de temps , les secours stipulés par le traité de 1678 et autres , et dont le *casus fœderis* est si clairement expliqué dans l'article séparé de celui de 1716. Elle attend avec la confiance d'un voisin , qui n'a jamais manqué à ses engagemens , et se confie au reste dans la bénédiction divine sur la justice de sa cause , et sur la fidélité et la valeur de ses sujets (1).

---

(1) Ce mémoire fut analysé et refuté sous le nom d'un *citoyen d'Amsterdam*, et cette réfutation contribua beaucoup au refus qu'éprouva le chevalier *York*. C'est à regret que nous ne l'insérons pas ici , parce qu'elle offre le développement des principes et de la marche de la cour de Londres.

DÉCLARATION DE GUERRE

CONTRE LES HOLLANDAIS.

MANIFESTE.

GEORGE ROI.

(**L. S.**) Dans tout le cours de notre règne, notre conduite envers les États-Généraux des Provinces-Unies a été celle d'un ami sincère et d'un allié fidèle. S'ils avaient adhéré aux sages principes qui avaient coutume de gouverner la république, ils n'auraient pas manqué d'apporter les mêmes soins au maintien de l'amitié qui a subsisté si long-temps entre les deux nations et qui est essentielle aux intérêts de l'une et de l'autre ; mais comme ils se sont laissés dominer par une faction dévouée à la France, et qu'ils ont suivi les impulsions de cette cour, une politique toute différente a prévalu auprès d'eux. Depuis quelque temps on n'a répondu à notre amitié que par un mépris déclaré pour les engagemens les plus solemnels, et par des violations réitérées de la foi publique.

Au commencement de la guerre défensive dans laquelle nous nous sommes trouvés engagés par l'agression de la France, nous avons montré une attention scrupuleuse pour les intérêts des États-Généraux, et le désir d'assurer à leurs sujets tous les avantages de commerce compatibles avec le grand et juste principe de notre propre défense. Notre ambassadeur eut ordre d'offrir une négociation amicale pour prévenir tout ce qui pourrait amener des discussions désagréables, et il ne fut donné aucune attention à cette offre faite solemnellement par lui aux États-Généraux, le 2 novembre 1778.

Le nombre de nos ennemis s'étant accru par l'agression de l'Espagne, que nous n'avions pas plus provoquée que la France, nous crûmes nécessaire de sommer les États-Généraux de tenir leurs engagemens. Le 5e article de l'alliance défensive perpétuelle entre notre cour et les États Généraux conclue à Westminster, le 3 mars 1678, outre une obligation générale de fournir des secours, stipule expressément : « que celui des deux états alliés qui ne » sera point attaqué, sera obligé de rompre » avec l'agresseur deux mois après que la par- » tie attaquée l'en aura requis. » Il s'est cependant passé deux ans sans qu'on nous ait donné la plus légère assistance, sans qu'on ait fait un seul mot de réponse à nos demandes réitérées.

Les États-Généraux se sont inquiétés si peu de leurs traités avec nous, qu'ils ont sur-le-champ promis à nos ennemis d'observèr une neutralité directement contraire à ces engagemens ; et tandis qu'ils nous refusaient les secours qu'ils étaient obligés de nous fournir, ils donnaient toute sorte d'assistance secrette à notre ennemi, et ils ont retiré des taxes intérieures, uniquement dans l'intention de faciliter le transport des munitions navales en France.

Par une violation directe et ouverte des traités, ils ont souffert qu'un pirate américain restât plusieurs semaines dans un de leurs ports, et ils ont même permis qu'une partie de son équipage montât la garde dans un fort du Texel.

Dans les Indes orientales, les sujets des États-Généraux, de concert avec la France, se sont efforcés de nous susciter des ennemis.

Aux Indes occidentales, et particulièrement à St.-Eustache, nos sujets rebelles ont reçu d'eux toute sorte de protection et d'assistance. Les corsaires rebelles ont l'entrée libre et publique des ports hollandais, ils ont la permission de s'y réparer, ils s'y fournissent d'armes et de munitions, ils y recrutent leurs équipages, ils y conduisent et vendent leurs prises ; et tout cela est une infraction directe des stipulations les plus claires et les plus solemnelles qui puissent jamais être faites.

Cette conduite si incompatible avec toute espèce de bonne foi, et si déraisonnable aux yeux de la plus saine partie de la nation hollandaise, est particulièrement l'effet de l'ascendant des magistrats qui ont la principale influence dans la ville d'Amsterdam, que nous soupçonnions en correspondance secrette avec nos sujets rebelles, long-temps avant que nous en ayons eu la certitude par l'heureuse découverte d'un traité dont le 1er article porte ce qui suit :

« Il y aura une paix ferme, inviolable et
» universelle, et une sincère amitié entre
» leurs hautes puissances les États des Sept
» Provinces-Unies de Hollande et les États-
» Unis de l'Amérique septentrionale, et les
» sujets et les peuples desdites parties, et entre
» les pays, îles, villes et bourgs dépendans

» de la juridiction desdits États-Unis de Hol-
» lande, et desdits États-Unis de l'Amérique,
» et de leurs peuples et habitans de toute
» condition, sans exception de personnes ou
» de lieux. »

Ce traité a été signé dans le courant du mois de septembre de l'année 1778, par l'ordre exprès du pensionnaire d'Amsterdam et des autres principaux magistrats de cette ville. Non seulement ils avouent actuellement toute l'affaire, mais encore ils s'en glorifient, et ils déclarent formellement même aux États-Généraux, qu'ils n'ont rien fait que « ce qu'il leur » était imposé par leur devoir indispensable ».

Depuis ce temps-là, les États-Généraux ont refusé de faire aucune réponse au mémoire présenté par notre ambassadeur ; et une circonstance aggravante de ce refus, c'est qu'ils se sont occupés d'autres affaires, et que même ils ont délibéré sur celle-ci pour des objets intérieurs ; et quoiqu'ils se vissent dans l'impossibilité d'approuver la conduite de leurs sujets, ils n'ont pas laissé de continuer à éviter artificieusement de nous donner la satisfaction qui nous était si manifestement due.

Nous avions tout le droit possible de croire qu'une pareille découverte les aurait remplis d'une juste indignation pour l'insulte qui nous était faite ainsi qu'à eux-mêmes, et qu'ils se seraient montrés empressés de nous donner une pleine et ample satisfaction pour cet outrage, et d'infliger les châtimens les plus sévères à ses auteurs. L'affaire était trop urgente, pour que l'honneur et la sûreté des pays souffrissent le moindre délai dans la réponse. La demande en a été faite en conséquence de la manière la plus pressante, par notre ambassadeur, dans les différentes conférences qu'il a eues avec les ministres; et dans un second mémoire, elle a été sollicitée avec toute la chaleur que justifiaient notre ancienne amitié et le sentiment suscité en nous par des insultes récentes. Et quelle est la réponse que l'on fait aujourd'hui au mémoire sur un objet de cette importance, qui a été remis il y a près de cinq semaines ? Elle porte que les États l'ont pris *ad referendum*. Une pareille réponse, dans de semblables circonstances, n'a pu être dictée que par une résolution déterminée à des hostilités méditées et déjà arrêtées par les États, que les conseils offensifs d'Amsterdam ont induits à soutenir de cette manière l'agression hostile faite par les magistrats de cette ville au nom de la république.

Il n'y a plus à compter sur la foi d'aucuns traités faits avec les États-Généraux, si Amsterdam peut usurper le souverain pouvoir, violer impunément ses traités en faisant prendre aux Etats des engagemens qui y sont directement contraires, et en liguant la République avec les sujets rebelles d'un souverain auquel elle est liée par les nœuds les plus étroits. Une infraction de la loi des nations faite par le plus petit particulier de quelque pays que ce soit, donne à l'état offensé le droit de demander satisfaction et châtiment ; à combien plus juste raison, lorsque l'offense dont on se plaint est une violation insigne de la foi publique commise par des membres principaux et prédominans dans un état? Nous devons donc, puisque la satisfaction que nous avons demandée ne nous a pas été donnée, nous devons, quoiqu'avec la plus extrême répugnance, nous faire rendre la justice que nous ne pouvons pas obtenir autrement. Nous devons considérer les États-Généraux comme associés à l'insulte qu'ils ne veulent point réparer, comme ayant participé à l'agression qu'ils refusent de punir, et nous devons agir en conséquence. Nous avons donc ordonné à notre ambassadeur de quitter la Haye, et nous allons prendre sur-

le champ les mesures vigoureuses que la circonstance justifie pleinement et qu'exigent
notre dignité et les intérêts essentiels de notre
peuple.

Par égard pour la nation hollandaise en général, nous desirerions qu'il fût possible de
diriger ces mesures entièrement contre Amsterdam ; mais cela n'est pas praticable, à moins
que les Etats Généraux ne déclarent sur-le-
champ qu'Amsterdam en cette occasion ne
recevra aucun secours d'eux, mais qu'ils lui
laisseront supporter les conséquences de son
agression.

Tant qu'on laissera à la ville d'Amsterdam
la principale influence dans les conseils généraux, et qu'elle sera soutenue par la force de
l'Etat, il est impossible de résister à l'agression
d'une partie si considérable des Provinces-
Unies sans avoir affaire avec toutes. Mais nous
connaissons trop bien les intérêts communs
des deux pays, pour que cette contestation
nous fasse oublier que le seul objet que nous
devons avoir en vue, est de faire naître
dans les conseils de la république des dispositions à renouer leur ancienne liaison avec
nous, en nous donnant pour le passé comme pour l'avenir la satisfaction et la sûreté

que nous serons aussi empressés à recevoir qu'ils peuvent l'être à l'offrir , et qui sera l'objet que nous aurons en vue dans toutes nos opérations. Nous ne songeons qu'à pourvoir à notre propre sûreté en faisant avorter les desseins dangereux qui ont été formés contre nous. Nous serons toujours prêts à former de nouveaux liens d'amitié avec les Etats-Généraux lorsqu'ils reviendront sincèrement au système qui fut établi par la sagesse de leurs ancêtres , et que vient d'anéantir une faction puissante qui conspire, avec la France, autant contre les intérêts de la république que contre ceux de la Grande-Bretagne.

A St. - James , le 19 décembre 1780.

A la cour de St.-James, le 20 décembre 1780. Sa très-excellente majesté , le roi étant présent au conseil.

S. M. ayant pris en considération le grand nombre de procédés outrageans des Etats-Généraux des Provinces-Unies et de leurs sujets , tels qu'ils sont exposés dans son manifeste royal de ce jour, et étant déterminée à prendre les mesures qui lui paraissent nécessaires pour venger l'honneur de sa couronne , et pour se procurer réparation et satisfaction , trouve à propos , et par l'avis de son conseil privé , d'ordonner, ainsi qu'il est enjoint par ces présentes, qu'il soit accordé des lettres de représailles générales contre les vaisseaux, marchandises et sujets, des Etats-Généraux des Provinces-Unies, de sorte que l'escadre et les vaisseaux de S. M., ainsi que les autres vaisseaux et bâtimens qui seront munis de lettres de marques, lettres de représailles ou autrement par les commissaires de S. M., chargés de remplir les fonctions de grand amiral de la Grande-Bretagne, s'empareront légalement de tous les vaisseaux, bâtimens et marchandises appartenans aux Etats-Généraux des Provinces-Unies, ou à leurs sujets ou autres établis dans les territoires desdits Etats-Généraux, et en poursuivront les jugemens dans une des cours d'amirauté des domaines de sa majesté, etc.

(Viennent ensuite les instructions dans la forme usitée, adressées à l'avocat général de S. M., pour préparer les commissions nécessaires, autorisant les lords commissaires de l'amirauté à expédier les lettres de représailles, et donnant pouvoir aux cours d'amirauté de condamner comme prises légales tous les bâtimens capturés ainsi qu'il vient d'être dit.

16.

CONTRE-MANIFESTE.

Les États Généraux des Provinces-Unies des Pays-Bas.

Sɪ jamais les annales du monde ont fourni l'exemple d'un État libre et indépendant, hostilement attaqué de la manière la plus injuste, et sans la moindre apparence de justice ou d'équité par une puissance voisine, alliée depuis long-temps, et étroitement liée par des liens fondés sur des intérêts communs, c'est sans contredit la république des Provinces-Unies des Pays-Bas qui se trouve dans ce cas vis-à-vis de sa majesté le roi de la Grande Bretagne et de son ministère.

Déjà dès le commencement des troubles survenus entre ce royaume et ses colonies en Amérique, L. H. P., nullement obligées d'y prendre la moindre part, avaient formé le dessein ferme et invariable d'adopter et de suivre, à l'égard de ces troubles, le système de la plus parfaite et de la plus exacte neutralité ; et lorsque ces mêmes troubles ont depuis allumé une guerre qui s'est étendue à plus d'une puissance, et répandue dans plus d'une partie du monde ; L. H. P. ont constamment observé et maintenu ce même systême, tandis qu'en même temps elles n'ont pas négligé de donner en plus d'une occasion, et relativement à des objets très - essentiels, les preuves les plus convaincantes de leur disposition sincère à satisfaire aux désirs de sa majesté, pour autant qu'elles pouvaient s'y prêter, sans blesser les règles de l'impartialité, et sans compromettre les droits de leur souveraineté.

C'est dans ces vues, et à cette fin, que L. H. P. d'abord, et à la première réquisition de sa majesté britannique, firent publier les défenses les plus expresses contre l'exportation des munitions de guerre aux colonies de sa majesté en Amérique, et contre tout commerce frauduleux avec ces mêmes colonies ; et afin que ces défenses fussent exécutées plus efficacement, L. H. P. ne firent point difficulté de prendre en outre des mesures qui ne laissèrent pas que de limiter et de gêner très-fort la navigation et le commerce de leurs propres sujets avec les colonies de l'Etat aux Indes occidentales.

C'est de plus dans ces mêmes vues et à

cette même fin, que L. H. P. envoyèrent les ordres les plus précis à tous les gouverneurs et commandeurs de leurs colonies et de leurs établissemens, comme aussi à tous les officiers commandans de leurs vaisseaux de guerre, pour qu'ils eussent à se garder soigneusement de ne rien faire vis-à-vis du pavillon du Congrès américain dont on pût inférer ou déduire légitimement un aveu de l'indépendance des susdites colonies.

Et c'est surtout aussi dans ces vues et à cette fin, que L. H. P. ayant reçu un mémoire qui leur fut présenté par M. l'ambassadeur d'Angleterre, contenant des plaintes des plus vives contre le gouverneur de Saint-Eustache, voulurent bien délibérer sur ce mémoire, quoique conçu en termes peu assortis aux égards que les puissances souveraines se doivent réciproquement : cette délibération fut bientôt suivie du rappel dudit gouverneur, que L. H. P. obligèrent de rendre compte de sa conduite, et auxquels elles ne permirent de retourner à sa résidence qu'après qu'il se fut disculpé de toutes les accusations portées contre lui par une déduction justificative, dont on ne tarda pas de faire parvenir copie au ministère de sa majesté britannique.

C'est au moyen de ces mesures que L. H. P. ayant toujours eu à cœur d'éviter de donner les moindres raisons de mécontentement à sa majesté britannique, ont constamment tâché d'entretenir et de cultiver l'amitié et la bonne harmonie.

Mais la conduite de sa majesté britannique envers la république a été diamétralement opposée. Les troubles entre les cours de Londres et de Versailles eurent à peine éclaté, qu'on vit les ports de l'Angleterre remplis de navires hollandais injustement pris et détenus : ces bâtimens naviguaient sur la foi des traités, et n'étaient chargés d'autres marchandises que de celles que la teneur expresse des traités déclarait libres et permises. On vit ces cargaisons libres forcées de subir la loi d'une autorité arbitraire et despotique. Le cabinet de Saint-James ne connaissant d'autres règles qu'un prétendu droit *de convenance temporaire*, trouva bon d'approprier ces cargaisons à la couronne par un achat forcé, et de les employer au profit de la marine du roi. Les représentations les plus énergiques et les plus sérieuses de la part de L. H. P. contre de pareils procédés furent inutiles, et ce fut en vain qu'on réclama, de la manière la plus forte, le traité de commerce qui subsistait entre l'Angleterre et la République. Par ce traité les droits et les libertés du *pavillon neutre* se trouvent clairement définis et constatés. Les sujets de la Grande Bretagne avaient joui en plein des avantages de ce traité dans le premier et le seul cas où il plut à la cour de Londres de rester neutre, tandis que la République était en guerre : actuellement, dans le cas réciproque, cette cour ne pouvait, sans la plus grande des injustices, refuser la jouissance des mêmes avantages à la république ; et tout aussi peu, que sa majesté britannique avait droit de faire cesser l'effet avantageux de ce traité à l'égard de L. H. P., aussi peu était-elle fondée à prétendre les détourner d'une neutralité qu'elles avaient embrassée, et de les forcer à se plonger dans une guerre, dont les causes avaient un rapport immédiat à des droits et à des possessions de sa majesté britannique, ressortans hors des limites des traités *défensifs ;* et néanmoins ce fut ce traité que sa majesté, dès le commencement des troubles avec la couronne de France, ne fit pas scrupule d'enfreindre et de violer. Les contraventions et les infractions de ce traité de la part de la Grande-Bretagne, et les décisions arbitraires des cours de justice de ce Royaume, directement contraires à la sanction expresse de ce même traité, se multiplièrent de jour en jour. Les bâtimens marchands de la république devinrent les victimes innocentes des exactions et des violences accumulées des vaisseaux et des armateurs anglais. On n'en demeura pas là. Le pavillon même de l'État ne fut point épargné, mais ouvertement insulté et outragé par l'attaque hostile du convoi sous les ordres du contre-amiral comte de *Byland*. Les représentations les plus fortes de la part de l'État à sa majesté britannique furent inutiles. Les vaisseaux enlevés à ce convoi furent déclarés de bonne prise, et cette insulte faite au pavillon de la république fut bientôt suivie de la violation ouverte de son territoire neutre, tant en Europe qu'en Amérique ; on se contentera d'en citer deux exemples. A l'île de Saint-Martin, les vaisseaux de sa majesté britannique attaquèrent et enlevèrent de force plusieurs bâtimens, qui étaient à la rade sous le canon de la *forteresse*, où, suivant le droit inviolable des gens, ces bâtimens auraient dû trouver un asyle assuré. Les insolences commises par un bâtiment armé anglais, sur les côtes de la république près de l'île de Goederéede, fournissent un second exemple de ces violations ; ces insolences furent poussées au point, que plusieurs habitans de l'île qui se trouvaient sur le rivage, où ils devaient se croire à l'abri de toute insulte, furent exposés par le feu de ce bâtiment au plus éminent danger, qu'ils ne purent éviter qu'en se retirant dans l'intérieur de l'île ; procédés inouis, dont la république, malgré les représentations les plus fortes et les plus fondées, n'a pu obtenir la moindre satisfaction.

Pendant qu'ainsi les affaires se trouvaient dans une situation qui ne laissait à leurs hautes puissances d'autre alternative que de voir la navigation et le commerce de ses sujets, d'où dépendent la prospérité ou la ruine de la république, tout à fait anéantis, ou bien d'en venir à des voies de fait contre leur ancien ami et allié le cœur magnanime de sa majesté l'impératrice de Russie l'engagea à inviter la république, avec autant d'affection que d'humanité, à prendre les mesures les plus justes et entièrement conformes aux traités qui subsistent entr'elles et les autres puissances, afin de défendre et de maintenir, conjointement avec sa majesté impériale et les autres puissances du nord , les priviléges et les immunités que le droit des gens et les traités les plus solemnels assurent au pavillon neutre.

Cette invitation ne pouvait qu'être infiniment agréable à L. H. P. , vû qu'elle leur offrait un moyen d'affermir la protection du commerce de leurs sujets sur les plus solides fondemens , et ouvrait les voies pour mettre leur indépendance à couvert de toute infraction , sans rien déroger aux alliances contractées tant avec sa majesté Britannique, qu'avec les autres puissances belligérantes.

Mais ce même moyen que la cour de Londres a tâché de soustraire à la république , en se portant avec précipitation aux extrémités les plus outrées, par le rappel de son ambassadeur , par la publication d'un manifeste contenant des prétendus griefs , et par la concession des lettres de marque , et de prétendues représailles contre l'état , ses sujets et leurs biens ; par où cette cour n'a que trop montré les desseins formés dès long-temps de mettre de côté les intérêts essentiels qui unissaient les deux nations, et de rompre les liens de l'ancienne amitié , en attaquant cet état par une guerre des plus injustes.

Il ne sera pas nécessaire de réfuter au long les raisons et les prétendus griefs allégués dans le manifeste, pour convaincre tout homme impartial de leur peu de solidité. Il suffit de faire observer en peu de mots, relativement à l'offre faite par sa majesté britannique d'ouvrir des conférences amicales, que c'était le traité susmentionné de marine qui seul pouvait faire l'objet de ces conférences; que la disposition de ce traité, conçu en termes des plus expressifs, ne pouvait être sujet à aucun doute ni équivoque.que ce traité donne aux puissances neutres le droit de transporter librement dans les ports des puissances belligérantes toutes sortes de munitions navales : que la république ne se proposant d'autre but et ne desirant de sa majesté britannique, que la jouissance tranquille et paisible des droits stipulés par ce traité, un point si évidemment clair et si incontestablement juste ne pouvait devenir l'objet d'une négociation, ou d'une nouvelle convention *dérogatoire* à ce traité ; tant que L. H. P. ne pouvaient obtenir d'elles, ni se montrer disposées à renoncer volontairement à des droits justement acquis, et à se désister de ses droits par égard pour la cour d'Angleterre, *renonciation* qui,

avantageuse à une des puissances belligérantes, aurait été peu compatible avec les
principes de la neutralité, et par laquelle
L. H. P. auraient exposé d'un autre côté la
sûreté de l'état à des dangers qu'elles étaient
obligées d'éviter soigneusement, *renonciation* d'ailleurs, qui aurait porté au commerce
et à la navigation, principal appui de la république et source de sa prospérité, un préjudice irréparable, puisque les différentes
branches du commerce, étroitement liées
entre elles, forment un tout dont on ne saurait retrancher une partie si principale, sans
causer nécessairement le dépérissement et la
ruine du corps entier; pour ne pas dire que
dans le même temps que L. H. P. faisaient
avec raison difficulté d'accepter les conférences proposées, elles n'ont pas peu modi-
fié et tempéré l'exercice effectif de leur droit
par une résolution provisoire.

Et pour ce qui est du secours demandé,
L. H. P. ne peuvent dissimuler qu'elles n'ont
jamais pu concevoir, comment sa majesté britannique a cru pouvoir insister avec la moindre
apparence de justice ou d'équité sur les
secours stipulés par les traités, dans un
temps où déjà auparavant elle s'était sous-

traite à l'obligation, que les traités lui imposaient envers la république. L. H. P. n'ont pas été moins surprises de voir que, tandis que les troubles en Amérique et leurs suites directes ne pouvaient concerner la répubuliqne en vertu d'aucun traité, et que le secours n'avait été demandé, qu'après que la couronne d'Espagne eût augmenté le nombre des puissances belligérantes; sa majesté britannique ait cependant pris occasion de cet événement, pour insister sur sa demande avec un tel empressement et une telle ardeur, comme si sa majesté se trouvait en droit de prétendre et de soutenir qu'une guerre une fois allumée entr'elle et quelque autre puissance suffisait seule pour obliger l'état à accorder tout de suite, et *sans aucun examen antérieur,* les secours stipulés. La république, il est vrai, s'était obligée par les traités d'assister le royaume de la Grande-Bretagne. toutes les fois que ce royaume se trouverait attaqué ou menacé d'une guerre injuste; la république, qui plus est, devait dans ce cas selon les mêmes traités déclarer la guerre à *l'aggresseur.* Mais jamais L. H. P. n'ont prétendu abdiquer le droit qui découle nécessairement de la nature de toute alliance défensive, et qu'on ne saurait contester aux puissances alliées, de rechercher *préalablement* et *avant* que d'accorder le secours, ou de prendre part à la guerre, le principe des dissensions qui se sont élevées, et la nature des différens qui y ont donné lieu ; comme aussi d'*examiner* et de *peser* mûrement les raisons et les motifs qui peuvent établir l'existence du *casus fœderis*, et qui doivent servir de base à la justice et à la légitimité de la guerre du côté de celle des puissances confédérées qui réclame le secours ; et il n'existe aucun traité par lequel L. H. P. ayent renoncé à l'indépendance de l'Etat, et sacrifié leurs intérêts à ceux de la Grande-Bretagne, au point de se priver du droit d'un *examen* aussi nécessaire et aussi indispensable, en se portant à des démarches par lesquelles elles pourraient être considérées comme obligées de devoir se soumettre au bon plaisir de la cour d'Angleterre, en accordant les secours demandés, lors même que cette cour engagée dans quelque querelle avec une autre puissance, juge à propos de préférer la voie des armes à celle d'une satisfaction raisonnable sur des plaintes fondées.

Ce n'est donc pas par esprit de parti ou par la trame d'une cabale prédominante, mais après une mûre délibération et dans le désir sincère de soutenir les plus précieux intérêts de la républiqne, que les Etats des provinces respectives ont tous unanimement témoigné qu'ils étaient d'avis que le secours demandé devait être refusé de la manière la plus polie, et L. H. P. n'auraient pas manqué de faire parvenir à sa majesté britannique, conformément à ces résolutions, une réponse aux demandes réitérées de secours, si elles n'en eussent été retenues par l'attaque inouie et violente du pavillon de l'Etat, sous le commandement du contre-amiral de Byland, par le refus de donner satisfaction sur un point aussi grave et par la déclaration non moins étrange qu'injuste, que sa majesté trouva bon de faire relativement à la suspension des traités qui subsistaient entr'elle et la république ; tout autant d'événemens qui en exigeant des délibérations d'une toute autre nature, faisaient cesser celles qui avaient eu lieu au sujet de ladite réquisition.

C'est en vain et contre toute vérité qu'on a taché de multiplier le nombre des griefs, en alléguant la suppression des droits de sortie, comme une mesure tendante à faciliter le transport des munitions navales en France ; car outre que cette suppression forme un objet qui regarde la direction intérieure du commerce, à laquelle tous les souverains ont un droit incontestable, et dont ils ne sont tenus de rendre compte à personne, ce point a bien été mis en délibération, mais n'a jamais été conclu; de sorte que ces dtoits sont encore perçus sur l'ancien pied, et ce qui est avancé à cet égard dans le manifeste se trouve destitué de tout fondement, quoiqu'on ne saurait déguiser que la conduite de sa majesté britannique envers la république ne fournissait que trop de motifs à justifier une pareille mesure de la part de L. H. P.

Le mécontentement de sa majesté britannique au sujet de ce qui s'est passé avec l'Américain *Paul Jones* est tout aussi peu fondé : déjà depuis plusieurs années, L. H. P. avaient arrêté et fait publier partout des ordres précis sur l'admission des corsaires et armateurs des nations étrangères avec leurs prises dans les ports de leur domination, ordres qui jusqu'ici avaient été observés et exécutés sans la moindre exception. Dans le cas dont il s'agit, L. H. P. ne pouvaient se départir de ces ordres à l'égard d'un armateur qui muni d'une commission du Congrès américain, se trouvait à la rade de Texel combiné avec des frégates de guerre d'une puissance souveraine, sans s'ériger en juges et prononcer une décision sur des matières auxquelles L. H. P. n'étaient nullement obligées de prendre part, et desquelles il ne leur paraissait pas convenir aux intérêts de la république de se mêler en aucune façon. L. H. P. jugèrent donc à propos de ne point s'écarter des ordres arrêtés depuis si long-temps ; mais elles résolurent de faire les défenses les plus expresses pour empêcher ledit armateur de se pourvoir de munitions de guerre, et lui firent enjoindre de quitter la rade au plutôt sans y séjourner, que le temps absolument nécessaire pour réparer les dommages soufferts sur mer, avec dénonciation formelle qu'en cas d'un plus long délai, on serait obligé de forcer son départ, à laquelle fin l'officier de l'Etat, commandant à ladite rade, eut soin de faire les dispositions requises, dont cet armateur eut à peine le temps de prévenir les effets.

A l'égard de ce qui s'est passé dans les

autres parties du monde, les informations que L. H. P. ont reçues de temps en temps des Indes orientales, sont directement opposées à celles qui paroissent être venues sous les yeux de sa majesté britannique ; les plaintes réitérées que les directeurs de la compagnie des Indes orientales ont adressées à L. H. P. et que l'amour de la paix a fait étouffer dans leur sein, en sont des preuves incontestables ; et les mesures prises à l'égard des Indes occidentales détaillées ci-dessus, devront servir en tout temps de preuve irréfragable de la sincérité, du zèle et de l'attention avec lesquels L. H. P. ont pris à cœur d'entretenir, dans ces contrées, la plus exacte et la plus stricte neutralité ; aussi L. H. P. n'ont jamais pu découvrir la moindre preuve légale d'aucune infraction de leurs ordres à cet égard.

Quant à ce qui concerne le projet d'un traité de commerce éventuel avec l'Amérique septentrionale, conçu par un membre du gouvernement de la province d'Hollande, sans aucune autorité publique et les mémoires présentés à ce sujet par M. le chevalier *York*, l'affaire s'est passée de la manière suivante. Dès que cet ambassadeur eût présenté le mémoire du 10 Novembre de l'année passée,

L. H. P. sans s'arrêter aux expressions peu convenables entre souverains dont ce mémoire était rempli, ne tardèrent pas d'entamer la délibération la plus sérieuse à ce sujet, et ce fut par leur résolution du 27 du même mois, qu'elles n'hésitèrent pas de désavouer et de désapprouver publiquement tout ce qui avait été fait à cet égard ; après quoi elles avaient tout lieu de s'attendre que sa majesté britannique aurait acquiescé à cette déclaration, puisqu'elle ne pouvait ignorer que L. H. P. n'exercent aucune juridiction dans les provinces respectives, et que c'était aux Etats de la province d'Hollande, auxquels, comme revêtus, de même que les Etats des autres provinces, d'une autorité souveraine et exclusive sur leurs sujets, devait être remise une affaire relativement à laquelle L. H. P. n'avaient aucun lieu de douter que les Etats de ladite province agiraient suivant l'exigence du cas et conformément aux lois de l'Etat et les règles de l'équité : l'empressement avec lequel M. le chevalier *York* insista par un second mémoire sur l'article de la punition, ne put donc que paraître fort étrange à L. H. P., et leur surprise augmenta encore plus, lorsque trois jours après cet ambassadeur déclara de bouche au président de L. H. P., que s'il ne recevait ce même jour une réponse entièrement satisfaisante à son mémoire, il serait obligé d'en informer sa cour par un courier extraordinaire. L. H. P. instruites de cette déclaration, en pénétrèrent l'importance comme manifestant visiblement la démarche déjà arrêtée dans le conseil du roi, et quoique les coutumes établies n'admettent point de délibération sur des déclarations *verbales* des ministres étrangers, elles jugèrent cependant à propos de s'en écarter dans cette occasion, et d'ordonner à leur greffier de se rendre chez M. le chevalier *York*, et de lui donner à connaître que son mémoire avait été pris *ad referendum* par les députés des provinces respectives, conformément aux usages reçus et à la constitution du gouvernement, en ajoutant (ce qui paraît avoir été omis à dessein dans le manifeste) qu'elles tâcheraient d'effectuer une réponse à son mémoire le plutôt possible, et dès que la constitution du gouvernement le permettrait. Aussi, peu de jours après, les députés de la Hollande notifièrent à l'assemblée de L. H. P. que les Etats de leur province avaient unanimement résolu de requérir l'avis de leur cour de justice au sujet de la demande de punition , en chargeant ladite cour de donner son avis le plus promptement possible, toutes autres affaires cessantes. L. H. P ne manquèrent pas de faire parvenir aussitôt cette résolution à M. le chevalier *York*; mais quelle ne fut pas leur surprise et leur étonnement, lorsqu'elles apprirent que cet ambassadeur , après avoir revu ses instructions, avait adressé un billet au greffier, par lequel en taxant cette résolution d'élusoire, il refusait de la transmettre à sa cour; ce qui obligea L. H. P. d'envoyer ladite résolution au comte de *Welderen*, leur ministre à Londres, avec ordre de la remettre le plutôt possible au ministère de sa majesté britannique; mais le refus de ce ministère a mis obstacle à l'exécution de ces ordres.

D'après cet exposé de toutes les circonstances de cette affaire, le public impartial sera en état d'apprécier le principal motif ou plutôt le prétexte dont sa majesté britannique s'est servi pour lâcher la bride à ses desseins contre la république : l'affaire se réduit à ceci. Sa majesté fut informée d'une négociation qui aurait eu lieu en l'année 1778 entre un membre du gouvernement d'une des provinces, et un des représentans du Congrès Americain , laquelle négociation aurait eu pour but de projetter un traité de commerce à conclure entre la république et les susdites colonies *casu quo* , savoir : dans le cas où l'indépendance de ces colonies aurait été reconnue par la couronne d'Angleterre. Cette négociation quoique conditionnelle et accrochée à une condition qui dépendait d'un acte antérieur de sa majesté elle-même; cette négociation , qui sans cet acte ou cette déclaration antérieure ne pouvait sortir le moindre effet, fut prise de si mauvaise part par sa majesté, et parut exciter son mécontentement à un tel degré, qu'elle trouva bon d'exiger de l'état *un désaveu* et une *désapprobation* publique , ainsi qu'une *punition* et une *satisfaction* complette. Ce fut tout de suite et sans le moindre délai que L. H. P. accordèrent la première partie de la réquisition ; mais la punition exigée n'était pas de leur ressort, et elles ne pouvaient y déférer sans heurter de front la constitution fondamentale de l'Etat. Les Etats de la province d'Hollande étaient les seuls auxquels il appartenait d'en connaître légitimement, et d'y pourvoir par les voies ordinaires et réglées. Ce souverain constamment attaché aux maximes qui l'obligent de respecter l'autorité des lois, et pleinement convaincu que le maintien du département de la justice dans toute l'intégrité et l'impartialité qui en sont inséparables, doit former un des plus fermes appuis du pouvoir suprême; ce souverain astreint par tout ce qu'il y a de plus sacré à défendre et à protéger les droits et les priviléges de ses sujets, ne pouvait s'oublier au point de souscrire aux volontés de sa majesté britannique, en portant atteinte à ses droits et à ses priviléges, et en forçant les bornes prescrites par les lois fondamentales du gouvernement. Ces lois exigeaient l'intervention du département *judiciaire*, et ce fut aussi ce moyen que les susdits Etats résolurent d'employer, en requérant sur cet objet l'avis de la cour de justice, établi dans leur province. C'est en suivant cette route, qu'on a développé aux yeux de sa majesté britannique, de la nation anglaise et de l'Europe entière, les principes inaltérables de justice et d'équité qui caractérisent la constitution batave, et qui dans une partie aussi importante de l'administration publique que l'est celle qui regarde l'exercice du pouvoir judiciaire, devront à jamais servir de bouclier et de rempart contre tout ce qui pourrait nuire à la sûreté et à l'indépendance d'une nation libre. Ce fut aussi par ce moyen et en suivant cette route, que bien loin de fermer le chemin de la justice ou d'éluder la demande de la punition, on a au contraire laissé un cours libre à la voie d'une procédure régulière et conforme aux principes constitutionnels de la république; et c'est par-là même enfin qu'en ôtant à la cour de Londres tout prétexte de pouvoir se plaindre d'un déni de justice, on a prévenu jusques à la moindre ombre ou apparence de raison qui aurait pu autoriser cette cour à user de représailles, auxquelles néanmoins elle n'a pas fait scrupule de recourir d'une manière aussi odieuse qu'injuste.

Mais tandis que l'Etat prenait des mesures si justes et si propres à éloigner tout sujet de plainte, la démarche qui fut l'époque du commencement de la rupture, avait déjà été arrêtée et conclue dans le conseil du roi; ce conseil avait résolu de tenter toutes sortes de moyens pour traverser et empêcher, s'il avait été possible, l'accession de la république à la convention avec les puissances du nord; et l'événement a clairement démontré, que c'est *en haine* de cette convention, que ladite cour s'est laissé entraîner dans le parti qu'il lui a plu de prendre contre la république.

A ces causes, et puisqu'après les outrages réitérés, et les pertes immenses que les sujets de la république ont dû essuyer de la part de sa majesté le roi de la Grande-Bretagne, L. H. P. se trouvent en outre provoquées et assaillies par sadite majesté, et forcées d'employer les moyens qu'elles ont en main pour défendre et venger les droits précieux de leur liberté et de leur indépendance, elles s'assurent avec la plus ferme confiance que le Dieu des armées, le Dieu de leurs pères, qui par la direction visible de sa providence, soutint et délivra leur république au milieu des plus grands dangers, bénira les moyens qu'elles ont résolus de mettre en œuvre pour leur légitime défense, en couronnant la justice de leurs armes par les secours toujours triomphans de sa protection toute-puissante; tandis que L. H. P. désireront avec ardeur après le moment où elles verront leur voisin et leur allié, mais actuellement leur ennemi, ramené à des sentimens modérés et équitables; et c'est à cet époque que L. H. P. saisiront avec empressement toutes les occasions qui , compatibles avec l'honneur et l'indépendance d'un état libre , pourront tendre à se réconcilier avec leur ancien ami et allié.

Ainsi fait et arrêté à l'assemblée de Leurs Hautes Puissances , les Seigneurs Etats-Généraux des Provinces-Unies , à la Haye le 12 Mars 1781. (Etait paraphé) *Cocq van Haeften*, vt. plus bas. Par ordonnance d'iceux (était signé) *H. Fagel.*

FIN.

TABLE DES MATIÈRES

CONTENUES DANS CET OUVRAGE.

A

B

Espagne ; ses plaintes en Angleterre contre *Drak,*
II. 81.
Exclusion (Droit d') ; moyen d'aquérir le do-
maine maritime , II. 6.

F

Faits ; leur mérite , I. 284.
Flandres (Comte de) , II. 95.
Fleuves (Les) sont des propriétés , I. 36.
Fluidité de la mer s'oppose à l'occupation. *Selden*
la soutient indifférente pour acquérir le do-
maine , I. 35.
Fond de la mer ; ne peut être acquis ni établir le
domaine, I. 35.
Fournir des marchandises ; veut dire transporter ,
I. 217.

G

Garantie. La Hollande en a-t-elle rempli les obli-
gations à l'égard de l'Angleterre en 1755 , I.
188. En 1778 , II. 224.
Gênes ; prétendue souveraine de la mer ligu-
rienne. Av.-prop. XII , I. 54.
Gouvernement ; son droit et son devoir de pro-
téger ses sujets lézés , I. 234.
Groenlande , I. 43 — 71 ; II. 103.
Grotius ; son opinion en faveur de la liberté de la
mer , I. 1 ; II. 123.
Grimbaud ; amiral français accusé , II. 13 — 35.
Guernesey ; île anglaise , II. 21.

H

Hareng (Pêche du) , II. 128.
Henneccius , ibid.

I

Iles ; susceptibles de propriété , I. 42.

N

O

Recherche. V. *Visite.*

Réciprocité ; en quoi elle consiste ; base des procédés entre nations, I. 69. — Cas où elle est applicable, I. 238.

Réglemens ; conditions requises pour être obligatoires, I. 287.

Réglement de la France concernant les neutres, du 26 juillet 1778, I. 144.

Représailles ; en quoi elles consistent, I. 243.

Résistance ; cas où elle est permise, I. 186.

Richard III, roi d'Angleterre, II. 25.

Romains ; n'ont jamais prétendu avoir l'empire de la mer, II. 50.

Russie ; sa conduite concernant la neutralité armée, I. 149.

S

Salut en mer ; exigé des Hollandais par l'Angleterre, II. 90. V. *Voiles.*

Selden ; prétend que la mer peut être assujettie, divisée, possédée exclusivement, I. 6. — En attribue le domaine sur les mers environnantes, première Partie.

Sièges, I. 210.

Suède ; demeure neutre dans la révolution française, I. 148 ; participe à la convention de 1780. V. *Neutralité armée.*

Sund ; passage libre.

T

Terre - Neuve. Pêche de la morue, I. 26 — 30 ; II. 98. V. *Bacalaos.*

Traités ; leur nature et leurs effets. I. 287.

Transport, II. 131.

U

Utilité ; n'est point un motif admissible pour réduire la mer en domaine privé, II. 23.

Fin de la Table des Matières.